TERNURA e DESEJO

Rita Foelker

Ternura e Desejo

Romance

editora
LACHÂTRE

Capa
Andrei Polessi

Editora Lachâtre
Caixa Postal 401 – CEP 12914-970
Tel / Fax: (011) 2691-0507
correio eletrônico: lachatre@lachatre.com.br
página na internet: http://www.lachatre.com.br

1ª edição – Outubro de 2011
Do 1º ao 2.000º exemplar

Impresso no Brasil
Presita en Brazilo

CIP-Brasil. Catalogação na fonte

Foelker, Rita, 1965 –
Ternura e desejo / Rita Foelker – 1ª ed. – Bragança Paulista, SP : Editora Lachâtre, 2011.

232 p.
ISBN 978-85-63986-30-6

1.Espiritismo. 2.Romance espírita. 3.Comportamento. 4.Sexo. I. Título.

CDD 133.93 CDU 133.9

Para meus filhos Pedro Eduardo e Paulo Vitor.

Obrigada por participarem da minha vida e me permitirem participar das suas.

PREFÁCIO

Nos anos 1980, Alvin Toffler escrevia que "a mudança é o processo pelo qual o futuro invade as nossas vidas". A mudança surge em vários contextos, da tecnologia ao comportamento, e sempre arrasta consigo a necessidade de refletir, avaliar e desenvolver as respostas adequadas a novos tempos.

As mudanças pelas quais a sociedade passou nas últimas décadas merecem reflexão. Muitas delas ainda surpreendem, ou chocam, ou deixam perplexos aqueles que tentam viver segundo os valores aprendidos em épocas anteriores, pela velocidade e pela profundidade de seus efeitos no terreno dos hábitos, da moral, daquilo que, embora questionável, passa a ser comportamento aceito e considerado natural.

O surgimento da *internet* ocasionou em nossa sociedade e em nossas vidas uma série de transformações. Mudaram os hábitos de consumo, o jeito de fazer as pesquisas escolares e compras; mudaram as formas de relacionamento interpessoal, multiplicaram-se as possibilidades de comunicação e interação entre as pessoas dos mais diferentes e distantes recantos do mundo.

Ampliou-se com isso a oportunidade de construir múltiplas identidades. Com elas, a perspectiva de realizar desejos e fantasias sexuais, de outra forma, impensáveis. Protegidos pela suposta distância, pelo anonimato ou por um falso perfil, muitos internautas se sentem liberados do custo social que resultaria de encarnarem estes personagens de sua fantasia, na vida real.

A *internet* não criou estas situações, mas facilitou para qualquer indivíduo explorar formas de se comportar e de perceber como os outros reagem, sem medo de enfrentar a sanção social correspondente. E também disseminou novos modos de comportamento, pois, no mundo virtual, aparentemente, tudo é possível, ou tudo é permitido.

As perturbações de comportamento relativas à dificuldade no controle de impulsos encontram *online* ocasiões de satisfação imediata, a qualquer momento que se disponha de um computador e uma conexão à rede, abrindo campo para a vivência de compulsões. Um campo tentador e fascinante, mas também repleto de armadilhas.

Ternura e desejo apresenta uma trama em que estas questões são levantadas e colocadas à reflexão. Se a sociedade muda e somos confrontados por novas situações, as leis eternas continuam apontando grande caminho para a felicidade humana. As necessidades espirituais permanecem as mesmas, assim como o impositivo da evolução que nos pede respeito, ética e compaixão.

Ser espírita nestes dias que correm representa uma vantagem e uma responsabilidade. A vantagem de observar os fatos diante da perspectiva mais ampla que a vida espiritual e o conhecimento das leis divinas concedem. A responsabilidade de atravessar esses novos tempos e de escolher com o mesmo grau de bom senso e discernimento que a compreensão espiritual proporciona.

Por esse motivo, *Ternura e desejo* se destina a expor abertamente situações que envolvem o sexo virtual e as suas consequências na vida real dos seus personagens, trazendo também os aspectos emocionais e espirituais presentes, juntamente com a contribuição que o espiritismo oferece para seu entendimento e abordagem.

O livro contém ainda um pouco de história, pela ligação de alguns personagens com seu passado reencarnatório nos Estados Unidos do século XIX. Esse conteúdo permite apresentar alguns aspectos da tradição e cultura dos índios *dakota*, bem como alguns aspectos relacionados ao universo do xamanismo e da cura espiritual exercitados nessa cultura.

Rita Foelker

NEM SÓ DE

PÃO VIVE O HOMEM

Dt 8,3

Túlio apontou a Rogério a cadeira vazia à sua frente, numa menção para que se sentasse. – O que você vai beber?

– Melancia com hortelã. E gelo, sem açúcar. – disse Rogério, dirigindo-se à garçonete e enxugando o suor da testa.

– Vai me dizer que voltou à sua fase 'natureba'? Pra mim, um *chopp*.

– Ordens médicas. Preciso perder oito quilos e baixar meu colesterol. Mas também tenho me sentido melhor com a nova dieta e as caminhadas, por isso não acho tão ruim. Além do que, melancia com hortelã fica bem saborosa!

– Me engana...

– Sério! Mas por que me chamou?

Dia de semana, o movimento da avenida Paulista era o habitual para uma terça-feira de verão logo após o almoço. A jovem trouxe as bebidas e serviu. O movimento nas mesas da calçada nem era tão grande àquela hora da tarde. O sol estava forte, o céu, muito azul e a temperatura era alta sob o toldo estendido.

Túlio era um homem alto e atraente, a pele negra perfeita e bem tratada, um cavanhaque perfeitamente aparado, num terno cinza sem nenhum sinal de amarrotado. Havia no ar um aroma de calabresa fritando, a rua apresentava o fluxo normal de carros, quando Túlio realmente resolveu entrar no assunto.

– É a Bruna.

– Imaginei que não ia se livrar dela tão fácil. – comentou Rogério, nem tão surpreso.

– Consegui que fosse transferida para outro setor. Mas minha assistente entrou em férias e ela foi indicada para substituir...

– Hummm! Parece armação!

– Eu não estranharia se fosse armação dela, mesmo. Você sabe das coisas de que ela foi e é capaz!

– Se sei! – concordou Rogério, recostando-se. – Bem, você sabe o que fazer. Seja apenas profissional. Além disso, tem muito mais gente em volta de vocês, portanto não dê oportunidade de aproximações. Quanto tempo pode levar, um mês?

– Você está me pedindo demais! Aquela mulher me tira do sério, e não só me irrita profundamente, como me atrai como nenhuma outra já fez antes!

Túlio bebeu um gole generoso da bebida e depositou o copo na mesa ruidosamente.

– Então, meu amigo, você está encrencado!

– Sabe qual foi a última que ela aprontou? Enviou-me um *slideshow* por *e-mail*. Só fotos sensuais dela, usando a *lingerie* mais *sexy* que eu já vi!...

– Ela não tem noção do perigo? E se o controle da empresa pegar a mensagem?

– Você sabe como eles são, a respeito dessas coisas. O Cerqueira é um baluarte dos bons costumes. A diretoria é toda "católica praticante", eles levam muito a sério a noção de moral, pecado, pureza, essas coisas... Acho que a Bruna, por outro lado, nem liga. Ela assume os riscos de ser como é. E isso a torna mais interessante ainda... Só que isso ainda pode acabar comigo. Pessoal e profissionalmente!

– O que você vê nessa mulher? Ela só lhe fez mal, envenenou quase três anos da sua vida com mentiras, intrigas, traições...

– Um lado meu sabe que devia sair correndo para o mais longe possível de onde ela estiver. Mas tem uma coisa nela... – Depois de alguns segundos de silêncio, continuou: – Sei lá! A vida é curta. Acho que devia aproveitar mais, pensar menos no amanhã.

– E deixar de ser você mesmo? – perguntou Rogério. – A gente se conhece desde garoto, você sempre foi comedido, reservado, previdente. Passou um ano economizando parte das mesadas pra dar entrada na sua primeira *scooter*. Lembra dela? Que adolescente faz isso?

– Pois é, acho que cansei de ser assim. Cansei de ser certinho, o "genro que toda mãe pediu a Deus". O que eu ganhei até hoje? Diga!

– Um emprego estável. Um apartamento quase quitado. Vive trocando de carro. Já viajou para o exterior a serviço, muitas vezes.

– E o que tem tudo isso demais? Você acha que sou feliz assim?

– E não é? Milhões de brasileiros invejariam sua situação.

– Mas eles não vivem na minha pele, não sabem o que está na minha cabeça.

Túlio bufou, com impaciência, pois o assunto era difícil de encarar:

– Meu apartamento é liso, frio, antisséptico. Eu acordo sozinho todos os dias com uma *Cantata* de Bach, levanto, faço minha cama e minha higiene matinal, escolho um terno e uma gravata, calço minhas meias e meus sapatos italianos, ando até o metrô, desço na Paulista, ando duas quadras, entro no edifício da empresa e fico lá até escurecer. Você acha que é uma vida boa?

– Sempre achei...

– É que você tem a Marjorie, tem planos de constituir família. No fim do dia, você voltará para casa, desfrutará da convivência com ela e com as crianças, vão sair, depois vão dormir... Eu não tenho plano nenhum. Não namoro há mais de um ano e meio. Nunca achei uma mulher que me desse vontade de viver com ela para sempre.

– Pensei que gostasse do seu trabalho.

– Gosto de ganhar dinheiro e de poder comprar coisas que desejo. Boas roupas. Ir a bons restaurantes. Mas existem outros meios de ganhar dinheiro, não preciso morrer num cubículo.

– Sua sala é muito boa. Tem ótimos móveis, ar condicionado e uma obra de arte de alto valor na parede.

– Estou falando da sensação, caramba! Sinto-me preso, confinado, sem saída! E a Bruna é um convite para sair da rotina, para fazer loucuras, aproveitar o bom da vida.

– A gente não precisa fazer loucuras para aproveitar o bom da vida.

– Talvez você esteja certo...

– Túlio, eu *estou* certo. Isso tudo é uma tempestade e vai passar. Você precisa ignorar a Bruna, tratá-la friamente, já que não pode evitar o contato. Se se deixar levar por impulsos, provavelmente irá se arrepender.

Terminaram suas bebidas, conversaram mais algumas trivialidades e se despediram.

Rogério saiu pensando que havia sido muito autoritário, ditando regras para Túlio. Até certo ponto, sentia que tinha esse direito. Haviam sido vizinhos a vida toda, no bairro de Pinheiros, até passarem no vestibular, quando foram estudar em cidades diferentes. Depois, voltaram formados. Rogério, em administração, Túlio, em direito.

Cogitaram montar seu próprio negócio, mas Túlio sempre fora um perfeccionista, nunca havia se livrado do receio de fracassar e de encarar as consequências de um possível fracasso. Então, procurou um emprego pelas vias normais e acabou conseguindo vaga no departamento jurídico de uma *holding*, onde estava subindo na carreira.

Rogério era sócio minoritário de uma empresa que negociava *commodities*. Tinha perspectiva de melhoria nos rendimentos e de aumento de participação na sociedade. Mas teve uma ideia, tirou o celular do bolso e ligou para o amigo:

– Túlio? Estava pensando... Lembra da empresa que íamos montar? Isso, sim, seria uma loucura digna de se fazer! E ainda podia livrar você do seu "cubículo de luxo". Que acha?

– Você está doido? Começar do zero?

– Não exatamente "do zero". Temos faculdade, temos experiência, temos nossa amizade, temos bons relacionamentos na praça. Confiamos um no outro. Tenho uns investimentos em que podia mexer.

– O que iríamos fazer? Abrir aquele escritório de assessoria jurídico-contábil? As locações são muito caras por aqui. Nós afundaríamos em pouco tempo.

– Ok, senhor "Aventureiro", senhor "Estou Cansado do Tédio da Minha Vida"...

– Não gosto de ironias, você sabe.

– Não precisa ser aqui na Consolação, nem em Pinheiros. Há muito potencial nos bairros mais distantes. Podíamos pesquisar...

– Vou pensar no assunto. A gente se fala.

Marjorie chegou às dezenove horas, como sempre, depois de enfrentar quase uma hora de trânsito entre o colégio onde lecionava e a sua casa. Era professora de biologia do ensino médio e gostava muito do seu trabalho, o que compensava alguns sacrifícios.

– Mãe, você precisa ver o que comprei! A cantineira está vendendo enxoval por catálogo, sabe? Veja: dois jogos de edredons, capas para travesseiro, almofadas de coração... Uma verdadeira pechincha. Vou pagar em três vezes.

– Lindos! Mas... você não acha que está se adiantando muito? – perguntou Assunta, a mãe, tirando as compras das sacolas.

– Adiantando? Como, adiantando? Rogério e eu já namoramos há oito anos. O que mais temos que esperar?

– Eu nunca o vi falar em casamento.

– Você acha que ele ficaria comigo esse tempo todo, se não quisesse casar?

– Acho que, se ele quisesse casar, já teria tocado no assunto. Acho que, em oito anos, rola muita água por baixo da ponte. São muitos natais, muitos *réveillons*. Ele nunca começou um ano novo dizendo: "este é o ano em que você vai se tornar a minha esposa"?

Marjorie ficou calada por um tempo.

– Não é como você pensa, mãe. A gente se ama...

Pegou os pacotes e levou para o quarto, onde tentou arranjar um lugar no maleiro abarrotado de coisas novas de cama, mesa e banho, que haviam sido adquiridas aos poucos.

Quando, enfim, conseguiu ajeitar tudo, abriu o *laptop* e entrou no *Messenger*, na esperança de que Rogério estivesse *online*. E ele aparecia como se estivesse.

Marj diz: Oi, amor!

(Sem resposta)

Marj diz: Vc pode falar comigo?

(Sem resposta)

Em instantes, surge a frase:

rogerioandrade1977@mail.com parece estar offline. As mensagens enviadas serão entregues quando esse contato entrar.

Marjorie baixou bruscamente a tela do micro. No fundo, achava que a mãe tinha razão, mas precisava tirar a prova. Sempre acreditou na sua história com Rogério, então resolveu que não ia pôr *caraminholas* na cabeça só por causa de um palpite. Simplesmente falaria com o namorado na primeira oportunidade.

Nesse momento, ouviu aquele ruído característico de um contato chamando para conversa.

MarceloGato diz: Oi, menina! Faz tempo q nao via vc aqui

Marj diz: Oi! Td bem?

MarceloGato diz: Melhor agora. O q vai fazer mais tarde?

Marj diz: Corrigir trabalhos. Dormir.

MarceloGato diz: Nao quer encontrar a galera? Vai todo mundo pro barzinho embaixo do ap da Annie. Eh aniversario da Deninha.

Marj diz: Pode ser... A q horas vcs vão se encontrar?

MarceloGato diz: 10h vai estar todo mundo la. Espero vc. E eh melhor se nao levar aquele MALA

Marj diz: O Roger? P q?

MarceloGato diz: Pq meus planos não incluem ele

Marj diz: "Não o incluem", vc quer dizer? rs

"Que mania!" – pensou Marjorie – "Por que é que eu tenho que corrigir a escrita dos outros, como se fossem meus alunos?"

MarceloGato diz: O portugues nao esta entre as minhas melhores habilidades. Vc devia conhecer o q eu sei fazer melhor

Marj diz: Pode ser q eu apareça. Se eu não for, fale pra Deninha q mandei bj. Agora, tenho de ir. Tchau.

MarceloGato diz: Bjs. Tchau, gata

MarceloGato – na vida real Marcelo Gatto, sobrenome de origem italiana – era um declarado pretendente de Marjorie há muito tempo. Ela, porém, não o encorajava por fidelidade ao compromisso com Rogério, embora nunca houvesse claramente rejeitado as suas investidas.

O jovem de vinte e oito anos era um estudante de ciência da computação, depois de passar temporadas em faculdades como agronomia, economia e artes cênicas, sempre em busca de sua verdadeira vocação. Morando com os pais, não tinha preocupações financeiras nem profissionais e adiava o momento de assumir as rédeas do próprio destino.

O primeiro impulso de Marjorie foi ligar para Rogério com o pretexto de chamá-lo para o aniversário, criando uma oportunidade de, a caminho da comemoração, tentar tocar na delicada questão do relacionamento deles.

Mas depois releu seu diálogo com Marcelo, ele sendo tão direto e impetuoso. Há tempos que Rogério não falava com ela dessa forma. Um namoro de oito anos às vezes cria certos hábitos e rotinas, as certezas em relação aos sentimentos do parceiro nos fazem acomodados.

E se ela fosse à festa sozinha, o que tinha demais? Dena era uma grande amiga que tinham em comum, muito querida de toda a turma, e estava aniversariando. Muitos conhecidos estariam lá e Marcelo poderia ser considerado apenas mais um deles.

Marjorie fechou a janela do diálogo e começou a pensar sobre que roupa iria vestir. Devia ser algo comportado, mas não tanto, com algum brilho... Quando achou a roupa perfeita, colocou-a sobre a cama e resolveu entrar no chuveiro.

Bruna entrou em casa e foi até a gaveta de remédios. Passou por Maria, sua tia, que estava na sala, como se não a visse. Precisava de um analgésico. A tensão do trabalho fazia sua enxaqueca subir até graus insuportáveis. Queria conseguir ingerir o comprimido enquanto ainda enxergava razoavelmente e enquanto não se sentia muito nauseada. Depois, arrancar roupa e maquiagem e deitar no confortável lençol de malha azul-turquesa até a manhã seguinte.

Estava um pouco arrependida de ter enviado as fotos sensuais para Túlio. Devia ser mais sutil e discreta? Era isso o que as colegas diziam: "Os homens valorizam essas qualidades."

Mas ficar sozinha era um sofrimento terrível demais, e já fazia tempo que ela estava se oferecendo a diversos homens abaixo do preço de mercado. Depois do relacionamento mais longo de sua vida, morando com Túlio de março de 2003 a maio de 2006 (tinha sempre estas datas bem memorizadas), o que tinha acontecido de bom? Nada!

Aquela viagem com Everton, o cara de meia-idade divorciado, para o *resort* perto de Rio das Ostras, no feriado da República do ano anterior, tinha sido sua relação mais longa desde então. E ele nem tinha ligado mais.

Não, não queria conhecer homens novos. Queria reaver o que tinha conquistado de melhor em todos aqueles anos e, depois, perdido por bobagens.

Sabia que tinha feito algumas coisas que machucaram Túlio. Tinha aquela vez da festa do clube em que ele a viu, bêbada, beijando o dinamarquês que não falava uma palavra da nossa língua. Tinha o Aguinaldo, do Recursos Humanos, que ela seduziu para conseguir... o quê, mesmo? Nem lembrava. Tinha o Super7, com quem ela teclava sacanagens na *internet*, mas com quem nunca se encontrou. Só que um dia foi descoberta e a discussão tinha sido feia, aquela vez.

Tudo aquilo foi acontecendo até Túlio arrumar as coisas dela e mandar entregar na casa da tia Maria, com quem morava desde que o pai tinha morrido.

Bruna estava sozinha, tinha dívidas altas do cartão de crédito e sua cabeça ainda ameaçava explodir. Ouviu as batidas na porta do quarto como se fossem punhais perfurando seu cérebro:

– Querida, você quer jantar? Ou um suco?

– Não! Só quero dormir, tia. Obrigada.

Marjorie deixou o carro no estacionamento. A noite estava quente e ela se sentia bonita, com os longos cabelos negros presos num rabo enorme, a blusa que exibia seus ombros suaves e sua melhor calça-comprida. Ela era uma mulher atraente, afinal.

– Legal que você veio! – falou Túlio, que vinha andando poucos passos atrás, pois também tinha acabado de estacionar. – Cadê o Roger?

– Não consegui falar com ele. Nem no *MSN*. Mas eu não tinha por que não vir.

– Detesto *MSN*! Nunca quis ter. Ah! Eu o vi à tarde.

– Ahn... é? Como ele estava?

– Normal. A gente conversou...

– Sobre o quê?

Túlio hesitou um pouco. Não queria abrir para Marjorie o assunto da Bruna. Ela já era meio ciumenta e, se soubesse que rola aquele tipo de coisa no ambiente de trabalho dele próprio, iria achar que na empresa do Rogério também acontecia o mesmo. Túlio decidiu proteger o amigo.

– Falamos sobre aquele plano antigo de abrir nosso próprio negócio.

"Genial!", pensou Túlio. "Tinha respondido com a verdade e, ainda, livrado a cara do amigo."

– O quê?!

– Você sabe! Desde que saímos da faculdade, pensávamos em ter uma firma própria. Hoje, falamos sobre isso.

Marjorie não entendeu por que ela ainda não sabia dessa intenção do namorado. Como é que ele estava pensando em promover uma mudança tão radical na sua vida, uma mudança que a afetava, e ela não sabia de nada?

Resolveu não demonstrar seu desagrado.

– Rogério sabe o que faz.

– Sempre soube. – concordou o advogado. – Ei! Você trouxe presente? – perguntou Túlio, propositalmente mudando a direção da conversa.

– Passei na livraria e peguei um vale-livro. É o que a Dena mais aprecia, mas tem tantos na estante que se corre o risco de dar algo repetido. E você?

– Trouxe um porta-CD. Ela sempre gostou do meu, adora música, então comprei um, igual.

Quando entraram no barzinho, foi fácil localizar a mesa dos amigos, pois era a mais animada. Dena estava recebendo um abraço da Annie; tinha umas pessoas cujo nome Túlio e Marjorie não sabiam – provavelmente colegas da faculdade ou do centro espírita. E tinha o Marcelo, um personagem que chamava a atenção em qualquer lugar onde estivesse.

– A Dena ainda vai àquele centro espírita? – perguntou Marjorie, não sabia bem por quê.

– Desde pequena ela frequenta aquele lugar, seguindo os passos da tia Cleide.

– Às vezes, eu tenho uma invejinha dela. Uma mãe como a Cleide é uma bênção de Deus.

– Dona Assunta também é ótima. Não vou deixar você reclamar dela.

– Não é questão de reclamar. Minha mãe se intromete nas minhas coisas, dá palpite demais...

– Mas você permite, não é? Você é quem dá ouvido. Já notei...

– Não estou para 'psicologia de boteco', no momento. Vamos nos juntar aos outros.

Depois dos cumprimentos, Marcelo levantou-se para oferecer sua cadeira a Marjorie, em seguida pegou outra da mesa ao lado e a posicionou estrategicamente perto dela.

– O que deu em você, Dena? – perguntou Marjorie. – Você quase não sai, curte ficar em casa lendo. Como foi que resolveu festejar seu aniversário?

– Foi o Marcelo que agitou tudo. E eu confesso que gostei da ideia, porque tem amigos aqui que não vejo há muito tempo! Você, por exemplo...

– Estou trabalhando demais. O clima lá no colégio tá pesado, falam em dispensas de professores, todos andam se sentindo com a espada sobre a cabeça. Quando chego, estou cansada demais pra pensar em sair. Só vim hoje, mesmo, porque o Marcelo disse que era seu aniversário e eu não poderia deixar de vir. Só que já vou avisando que não vou ficar até muito tarde...

– Besteira! – interrompeu Marcelo. – Você não pode chegar a uma festa já falando em ir embora.

– Posso, sim, para a Dena não se chatear, se eu sair antes de todo mundo...

– Você está muito linda!

O elogio direto de Marcelo deixou Marjorie sem saber o que dizer.

– E o Rogério, não vem? – perguntou a aniversariante.

– Não consegui falar com ele – explicou Marjorie. – Às vezes, os sócios fazem reuniões no final da tarde que podem ser muito demoradas... Mas estou certa de que ele lhe mandaria um beijo e desejaria muita felicidade, se soubesse da festa.

– Para de tentar salvar a imagem do cara! – pediu Marcelo. – Ele não veio, não ligou, não está nem aí... Que droga!!

A noite foi agradável, mas, perto das onze e meia, Marjorie levantou-se e se despediu.

– Eu acompanho você até o estacionamento. Está muito tarde para uma princesa sair sozinha.

– Não seja bobo! Eu tô bem – respondeu Marjorie, já sob certo efeito do álcool e sem muita vontade de resistir.

– Tem certeza de que consegue dirigir? – quis saber Annie. – Você parece meio alterada...

– Estou melhor que nunca! – disse a jovem, tropeçando na cadeira ao lado e se desequilibrando até ser amparada pelos braços tonificados de Marcelo.

– Vou levar você pra casa.

– M-mas...

– Sem discussão, gata. Vamos, vou levar você.

Quando chegaram ao estacionamento, Marjorie não encontrava a chave do carro e teve de despejar todo o conteúdo da bolsa sobre o capô do carro. Alguns itens escorregaram para o chão, e ela e Marcelo se abaixaram para pegar, ficando muito próximos, a ponto de ele enxergar pelo vão do decote a curvatura dos seus seios sob a blusa.

Após se levantarem, meio constrangidos, Marcelo abriu primeiro a porta do passageiro, acomodou Marjorie e depois ocupou o banco do motorista.

Ao olhar para Marjorie, viu que ela tinha uma lágrima surgindo no canto do olho.

– Não precisa ficar comovida. Eu não posso evitar ajudar uma mulher em apuros.

– Você está brincando, mas é sério...

– O que está havendo?

– Estou em crise. Não sei o que o Rogério quer. Não sei se ele quer casar. Não sei se ainda gosta de mim. E, agora, ele toma decisões que afetam a nossa vida sem que eu saiba!

Entre as qualidades de Marcelo não se incluía a de ser um bom ouvinte.

– Isso acaba passando...

– Depois de oito anos? Oito anos, desde que começamos a namorar. Eu devia conhecê-lo melhor do que ninguém, mas acho que tem coisas que ele esconde, tem coisas das quais ele não quer que eu participe!

– Todo mundo é assim. Todo mundo precisa de espaço pra fazer as suas coisas, pra viver os seus gostos, os seus prazeres.

– Eu nunca fui contra isso. Nunca fui do tipo 'controladora'.

– Ele tem sorte de ser seu namorado. Você é inteligente, independente, bonita, generosa... Só um louco deixaria você sem atenção.

Marjorie ouviu aquelas palavras como se tivessem um sabor doce, um cheiro de chocolate, e olhou fundo nos olhos de Marcelo.

– Sei do que você precisa. – Marcelo disse isso introduzindo sua mão entre os cabelos presos que começavam a se afrouxar perto da nuca de Marjorie e aproximando seus lábios dos dela.

Ela entreabriu a boca, fechou os olhos e ficou aguardando, pois não tinha coragem de fazer nenhum movimento. Marcelo a beijou apaixonadamente, nenhum dos dois sabia quanto tempo se passou, depois ele respirou fundo, ligou o carro e saiu.

Túlio chegou ao apartamento depois da meia-noite, jogou a chave sobre a mesinha. Sentia-se perturbado. Em poucas horas, enfrentaria um contato direto com a mulher que tinha transformado sua vida num inferno, que tinha sabotado sua confiança nas pessoas e que o tinha desrespeitado de tantas maneiras que ele não era capaz sequer de qualificar os seus atos.

Conectou ao micro o *pendrive* – "grande invenção!", pensou ele – onde havia salvado as fotos de Bruna. Escolheu músicas para ouvir e colocou o *slideshow* no modo de execução contínua.

Depois deitou-se no sofá e deixou a mente trabalhar. Começou a pensar na Bruna dos primeiros tempos, atirada, corajosa, sexualmente criativa. Uma mulher muito interessante. Tinha dezenove, quando se conheceram, mas parecia ter mais, pela cabeça, pelas roupas, pela ousadia.

Conheceram-se numa festa da empresa. Ela tinha sido admitida como estagiária naquele ano e estava bastante apreensiva com as novas atribuições. (Será que estava mesmo? Ou estava usando o charme do "desamparo profissional" diante do "cara experiente", só para atraí-lo?)

Suas opiniões sobre ela tinham mudado muito. Antes, ele não sabia como ela podia fazer, na intimidade, aquelas coisas especiais de que ele tanto gostava. Agora, pensava que, se tivesse sido mais esperto, teria sabido que ela havia aprendido tudo por aí, nas muitas camas pelas quais devia ter passado!...

Sentiu que estava ficando excitado. Desafivelou o cinto e abriu o zíper da calça. Moveu sua mão sob a cueca, porém, imediatamente, outra imagem mental roubou sua atenção.

Rogério, seu melhor amigo, estava sendo traído!

Isso mesmo, não era fantasia, ele tinha visto com seus próprios olhos, no estacionamento, dentro do carro, aquele beijo entre Marcelo e Marjorie. Tinha fotografado com o celular, porque achou que nem ele e nem qualquer outra pessoa acreditaria, se ele apenas falasse. E precisava resolver o que fazer.

O assunto era delicado. Túlio e Rogério eram amigos de infância. Ele não conseguia lembrar-se de um verão lá em Pinheiros, onde nasceram e cresceram, em que não tivessem brincado juntos, dividido sonhos, falado de meninas e de futebol...

Agora que eram adultos, as circunstâncias da vida tinham-nos afastado um pouco, mas nunca o vínculo de amizade se quebrou. Por outro lado, tinha aparecido a Marjorie, e ele conhecia Rogério tempo suficiente para imaginar a profundidade dos seus sentimentos por ela.

Túlio lembrou-se de se sentir colocado de lado, quando Marjorie veio passar férias em São Paulo, pela primeira vez. Morava em Pederneiras, na época, e tinha conhecido Rogério na universidade naquele semestre. Túlio não namorava, na ocasião, e estava perdendo o seu grande companheiro de viagens e noitadas. Mas aceitou a situação, em nome da felicidade que transparecia nos olhos do amigo.

Rogério, de repente, ficou comportado, caseiro. Só falava da Marjorie e da sorte que tinha por encontrá-la, e do que iam fazer depois que se formassem...

Mesmo depois que muito tempo se passou, ele sempre viu aquele casal como um modelo de realização para si mesmo. Como assimilar o choque de ver a Marjorie beijando o Marcelo, o maior 'pegador' que ele conhecia?

Hesitou a respeito da decisão de revelar o ocorrido a Rogério. Não queria ser o pivô de uma briga, de um rompimento entre eles. A coisa era muito séria!

Mas... depois de tudo que passou com Bruna, também achava que devia ao amigo aquela informação. Se ele não tinha conhecido o suficiente sobre Bruna antes de decidir que iriam morar juntos, Rogério não precisava passar pelo que ele tinha passado...

Ou, por outro lado, seria melhor dar tempo ao tempo?

Ou falar com Marjorie, primeiro?...

Era um grande impasse.

Marjorie entrou em seu quarto e viu a pilha de trabalhos que a esperava. Não ia conseguir olhar para eles agora. Os alunos provavelmente reclamariam, pois estavam ansiosos pela nota. Mas ainda se sentia sob o efeito das bebidas e do beijo de Marcelo. Como colocar atenção em outra coisa?

Ele tinha sido um perfeito cavalheiro, viera dirigindo o carro dela até a porta da sua casa e agora estava voltando de táxi para o local onde o seu próprio carro estava estacionado.

Bem... Um beijo tinha acontecido, é verdade. Sentia-se levemente culpada, por Rogério. Mas um lado seu estava se sentindo muito bem! Seu lado mulher sentia-se bem tratado e reconhecido.

Provavelmente, tudo seria esquecido na manhã seguinte, sem o efeito do álcool. Um beijo não era grande coisa. "Todo mundo fica, beija. Depois a fila anda e ninguém sofre", pensou.

Sabia que em seu coração nada era mais intenso que seu amor por Rogério e que, provavelmente por isso, tinha ficado tão chateada com ele. Se ele não ligava para ela, que lhe importaria casar agora ou depois, ou o fato de ele abrir ou não abrir novo negócio?

Há muitos anos que ter Rogério perto ou longe, saber se estava bem ou mal, tudo isso mexia muito com seu humor e seus pensamentos. Com Marcelo, não existia nada comparado a isso. Ela chegava a demorar meses para vê-lo. Era até agradável saber que ele estava bem, gostando da faculdade, frequentando a academia, ganhando campeonatos de *ninjitsu*, mas não passava disso. Não que ele não fosse do tipo de homem capaz de balançar uma mulher, mas ela se considerava suficientemente vacinada pelo seu relacionamento estável e seguro com o namorado.

Contaria para Rogério, ou não, o que tinha ocorrido? Qual era o peso desse fato em suas vidas? Não sabia. Estava zonza e ainda sentia o gosto dos lábios de Marcelo nos seus. Ouviu sua mãe, como se estivesse dentro sua cabeça, falar sobre Rogério: "Eu nunca o vi falar em casamento."

A BOCA FALA DO QUE

ESTÁ CHEIO O CORAÇÃO.

Lc 6,45

A manhã daquela quarta-feira começou mal. A *Cantata BWV 140* de Bach tocou no quarto, mas Túlio havia dormido no sofá da sala e perdido hora.

Quando entrou na estação do metrô, percebeu que tinha deixado o *pendrive* em casa, com todas as petições revisadas que precisava imprimir naquele dia. Levou mais de quinze minutos entre voltar para casa e depois retornar à estação, e ainda pegou um trem muito mais lotado que o de costume, por causa do horário.

– Bom dia, Túlio.

– Ahn... Bom dia, Bruna.

– O Cerqueira quer discutir o contrato dos chineses às dez e meia, na sala dele.

– Mas... são dez e vinte!

– Tentei ligar no seu celular, mas estava fora de área.

– Ok. Pegue a pasta dos chineses e traga pra mim. Preciso de um *expresso* duplo e muito forte.

– Eu pego pra você.

Até agora, tudo bem. Túlio tinha muito com o que se preocupar, no momento, para olhar mais atentamente para Bruna. Mas mesmo assim notou que ela estava vestindo uma roupa comportada, um terninho azul-claro, e usava os cabelos loiros presos em coque na nuca. Uma pérola solitária pendia de um cordão delicado em seu pescoço. Seu pescoço suave e sempre perfumado...

Voltando sua atenção para a tarefa do momento, Túlio tomou seu café rapidamente e assumiu o papel de 'superprofissional'. Quando entrou na sala de Glauco Cerqueira, sentia-se novamente no controle da situação. Tinha as informações sobre os chineses, seu modo de negociar, suas expectativas e as melhores maneiras de propor um acordo vantajoso para sua empresa.

A reunião durou até as treze horas, quando saiu direto para o almoço sem ter que encarar a assistente-substituta ou os colegas.

Tinha, agora, um problema mais difícil de resolver. Pegou o celular e olhou novamente para a foto tirada na noite anterior. Não estava certo de que mostrar aquilo para o Rogério desse um bom resultado. Mas, e quanto à sua lealdade ao melhor amigo de toda a sua vida? Podia deixar de lado? Se fizesse isso, que tipo de homem ele seria?

Comeu e usou o tempo que ainda tinha para olhar as prateleiras de um sebo que gostava de frequentar. Quando estava tentando alcançar um volume numa estante alta, um livro caiu aos seus pés. Era *O evangelho segundo o espiritismo*, de Allan Kardec, de que já tinha ouvido Dena e Cleide falarem.

Até onde sabia, Allan Kardec era um francês que tinha vivido no século 19, um professor que tomou conhecimento de fenômenos estranhos e começou a estudá-los. Os fenômenos eram movimentos e batidas em mesas que, aparentemente, eram provocados por espíritos de pessoas que tinham morrido.

Não estava interessado em ler aquele livro naquele momento, então devolveu-o ao seu lugar original. Escolheu uma edição muito bela d'*A divina comédia*, de Dante Alighieri. Quando chegou ao caixa, a jovem atendente apresentou o valor:

– Os dois livros ficam em R$122,00.

– Dois livros? Mas eu só peguei um!

– Aqui: *A divina comédia*, R$115,00. *O Evangelho segundo o Espiritismo*, R$7,00.

Túlio não entendeu. O que era aquilo? Um ato falho? Ele não tinha devolvido o *Evangelho* à estante? Como ele estava ali?

– Tudo bem, vou levar. É tão barato, não é mesmo?

– Existe uma diferença entre preço e valor – disse a moça. – Tem coisas que valem muito mais do que custam, e vice-versa. Li algo assim num livro do Calunga.

– Sim, é uma confusão comum...

"Quanto os chineses concordarão em pagar pelo serviço que podemos oferecer? E quanto vale?" – pensou o rapaz, retomando a sua preocupação da manhã em arquitetar um bom contrato para a empresa colocar um pé na China e ele, talvez, receber até uma bonificação.

– Esse Calunga é um tipo de 'guru dos negócios'? – perguntou à jovem.

– Não. É um espírito que escreve livros.

– Desculpe, não sei se acredito nisso, ahn... Como é seu nome, mesmo?

– Georgiana.

– Prazer em conhecer. Meu nome é Túlio.

– Eu sei. Já vi você aqui algumas vezes. Gosta de clássicos da literatura, certo?

– Certo. Um dia, quando puder trabalhar menos, vou sentar-me na minha poltrona confortável e ler todos eles. Por enquanto, estou só montando minha coleção.

Com o pacote sob o braço, o jovem advogado se despediu e saiu, pensando se ligava ou não para Rogério. Chegou a tirar o celular do bolso e localizar o número, mas parou antes de apertar a tecla verde, perguntando a si mesmo, mais uma vez, se era a coisa certa a fazer.

Marjorie saiu da reunião pedagógica exausta. Como não daria aulas à tarde, pensou em ir até o escritório de Rogério. Faria uma surpresa: levaria seu lanche predileto e almoçariam juntos. Talvez ela falasse da noite anterior, depois de falar de suas inquietações com respeito ao casamento e ao que Túlio tinha dito acerca de ficarem sócios. Não, ela não ia ser tola de agir como se estivesse cobrando explicações. Afinal, ela também tinha dado uma 'escorregadela', talvez por influência do álcool, talvez por carência afetiva, mas ela sem dúvida tinha cedido momentaneamente ao charme de Marcelo!

Com o coração amenizado pela consciência de que todos estão sujeitos a erro, iria ao encontro do namorado e lhe ofereceria mostras da sua sinceridade e afeição.

Porém as coisas, às vezes, não ocorrem como planejamos. Ao chegar à *panneteria*, havia uma fila enorme de pessoas esperando para serem atendidas. Quando, enfim, conseguiu sair e chegar ao carro, observou que havia uma faixa de trânsito recebendo reparo à frente, provocando o afunilamento das pistas e maior lentidão ainda.

Seu coração acelerou, então ligou o rádio numa estação que tocava músicas agradáveis e tentou não se estressar por um problema que era rotineiro na capital. Estava indo encontrar o amor de sua vida e nada podia ser melhor que isso.

Ao chegar ao escritório de Rogério, muito depois do horário em que desejaria chegar, ouviu da recepcionista o informe de que o noivo estava numa reunião e havia solicitado para não ser interrompido sob nenhuma hipótese.

Ainda segundo a mesma moça, parecia que o assunto era complicado, pois já tinha ouvido gritos vindos da sala dele. Marjorie perguntou sobre o que era, mas a recepcionista delicadamente disse que não sabia, certamente porque não podia comentar assuntos tratados dentro da empresa.

Por um momento, Marjorie não soube se esperava ou se ia embora.

– Bem... Vou deixar para o Rogério este almoço. Por favor, diga que passei aqui, que achei melhor não esperar e que telefono mais tarde, sim?

Marjorie ainda escreveu um cartão – "Bom apetite, amor. Marjorie" – e despediu-se, desapontada. Se esse era um vislumbre da vida de casada que ia ter... Bem, que remédio?!

Quando voltou ao carro, notou no celular que tinha esquecido no banco um aviso de "chamada não-atendida". Não reconheceu o número, mas retornou imediatamente, pois podia ser do trabalho.

– Alô, você ligou para Marjorie?

– *Oi, gata. Sou eu, o Marcelo.*

– Marcelo? Você trocou de número?

– *Este é o fixo daqui de casa. O meu celular caiu na piscina, hoje cedo.*

– Sinto muito.

– *Eu não sinto. Ele já estava ficando velho. Vou trocar por um outro, muito melhor, mês que vêm, assim que meu pai voltar de Bruxelas.*

– Você ligou por algum motivo especial?

– Pra ver se você estava bem. Ontem, parecia tão triste...

Marjorie sentiu um baque no peito. Como iria lidar com o que tinha acontecido?

– Eu estou... melhor. Gostaria de agradecer sua enorme gentileza.

– Você sabe que não foi nenhum sacrifício...

– Realmente, agradeço. E, quanto ao beijo...

– Eu entendo, gata. Você é comprometida com o 'Mala'. Não foi planejado, eu apenas não resisti, vendo você tão frágil, tão precisada de um carinho de homem. Eu faria qualquer coisa pra deixar você bem.

– Não sei se vou contar para o Rogério. É possível que não. Afinal, foi só um beijo, certo? Não estou dizendo que não foi bom! E realmente me fez muito bem. Mas não implica nada mais sério, concorda? A gente não tem compromisso nenhum, a gente não vai se casar, concorda?... – concluiu, com a voz levemente alterada, necessitando de apoio para o que dizia.

– Fica tranquila.

– Ei, você não tem aula hoje?

– Só tinha duas aulas. Além disso, hoje é minha eliminatória no campeonato interno da academia. Estou me concentrando.

– Você sempre vence essas coisas. Por que se preocupa?

– Venço exatamente porque levo a sério. No ano que vem, quero ser campeão latino-americano.

– Então, boa sorte. Cuide-se. Beijo.

– Beijos.

A palavra 'beijos', saída da boca de Marcelo, trouxe a lembrança mais viva ainda da noite anterior. Marjorie ligou o carro e resolveu ir para casa mais cedo. Tinha coisas da escola para fazer e tinha que tirar as bobagens da cabeça.

Alex estava satisfeito.

– Você viu? Foi uma tacada de mestre! Caiu bem aos pés dele.

– Eu diria que foi apenas uma boa estratégia – respondeu Diógenes, que também era chamado por muitos de Lua Vermelha.

– Está tentando diminuir o meu feito?

– Absolutamente! Só estou colocando em melhor perspectiva. Você é um ótimo aluno, mas tem muito que aprender ainda.

– Bem, o fato é que agora já consegui aproximar Túlio do *Evangelho*. Não é?

–Nós, espíritos, inspiramos muitas ideias. Mas pode não ser o bastante.

– Não entendi.

– Você o inspirou a comprá-lo. Foi uma boa medida, porque lhe será muito útil nos dias que virão. Contudo, não basta aproximar um bom livro de um ser humano, é preciso aproximar as lições de seu coração.

– Vai ser minha tarefa?

– Pensei que tivesse entendido desde o início, Alex. Nossa tarefa espiritual é ajudar essas pessoas a crescerem interiormente na sua difícil jornada terrena...

– "Tornar sensível o coração, perceber as mensagens que a vida traz, desejar progredir."

– Eis nosso objetivo para eles, tanto quanto para nós próprios. Você decorou nosso lema! Muito bom! Saberá depreender suas consequências práticas...?

Diógenes quis dizer: "... para si mesmo?" Mas silenciou.

– Claro que saberei... quando chegar a hora.

– E o que você vai fazer *agora*, meu aluno?

Alex pensou em dizer "não sei", mas notou que era uma pergunta capciosa de seu professor. Então, pensou por alguns instantes.

– Vou aonde minha presença se fizer mais útil!

– Você se saiu muito bem da minha pergunta. Mas é uma resposta muito vaga. Pena que ela não lhe dê qualquer orientação sobre o passo seguinte, não é mesmo?

– Ahn... o irmão gostaria de sugerir algo?

– Talvez eu espere você pensar e descobrir por si mesmo... Se tivermos tempo.

– O que quer dizer?

– Que alguém está prestes a necessitar muito de nossa presença.

– Já sei: o Rogério.

– Por que seria ele?

– Vai sofrer uma grande decepção, logo, logo.

– As decepções são, muitas vezes, nossas melhores amigas. Dizem coisas importantes, que as pessoas mais próximas de nós não teriam coragem de dizer.

– Então deve ser o Túlio. Para não se envolver em mais problemas, agora que voltou a conviver com a Bruna.

– Esse período faz parte do planejamento da vida, para que Túlio amadureça e aprenda algo sobre si mesmo. Ele vai necessitar de nosso auxílio, mas não presentemente.

– Vai dizer que é o Marcelo?

– Por que o estranhamento?

– Pensei que o Marcelo estivesse dando conta do recado.

– Ele parece estar no controle da situação. Mas quando perceber que esse controle lhe escapa, não será nada fácil. Vá até ele, aguarde e confie no Pai. Chame, se precisar.

Lua Vermelha e Diógenes eram apenas dois nomes, evocavam duas encarnações distintas de um mesmo espírito, atualmente em tarefa de ajuda direta aos encarnados. Duas presenças em dois períodos distantes entre si da história da Terra se reuniam numa mesma individualidade.

Lua Vermelha fora um índio *dakota* ou *sioux* há pouco mais de cem anos, o curandeiro[1] de uma aldeia do Meio Noroeste americano, onde hoje se localiza o estado de Montana.

[1] O curandeiro ou feiticeiro (*medicine man*) passou a ser amplamente conhecido nos estudos antropológicos como xamã. Este termo, no entanto, nunca foi usado entre os índios. A origem do termo 'xamã' remonta à língua dos povos Tungus da Sibéria e denomina "pessoas de uma grande variedade de culturas não-ocidentais, que antes eram conhecidas por palavras tais como 'bruxo', 'feiticeiro', 'curandeiro', 'mago', 'mágico' e 'vidente'. (Harner, M. *O caminho do xamã*. São Paulo: Cultrix, 1995. p. 49.)

Diógenes fora discípulo de Sócrates, o filósofo grego do século V a.C. que nada escreveu e que ficou conhecido pelas obras de outros filósofos, como Platão e Xenofonte.

Eram as duas personalidades que se mesclavam apenas, pois a aparência e vestimenta escolhidas eram claramente indígenas. Diógenes Lua Vermelha era um homem alto com cabelos abundantes levemente grisalhos, repartidos ao meio e cobrindo os ombros. A pele, bronzeada, olhos levemente puxados, lábios estreitos e maçãs do rosto largas. A calça folgada de tom cru e a túnica da mesma cor tinham franjados e bordados interessantes de desenhos geométricos nas cores laranja, vermelho e preto.

Alex gostava de chamá-lo de mestre e professor, mas ele preferia o título de "irmão" ou de "companheiro".

– Eu não sou mestre de ninguém. No máximo, um mestre de mim mesmo...

– Mas você conhece tanta coisa, irmão! – retrucava Alex.

– Isso não quer dizer nada. Eu só sei do que vivi, do que li e ouvi. É um grão de areia no deserto infinito das coisas que desconheço.

Ambos se conheciam há muitas encarnações.

Alex tinha a aparência mais jovem, magro e quase tão alto quanto Lua Vermelha, com olhos castanhos levemente puxados e cabelos castanhos encaracolados. Uns pés-de-galinha no cantinho dos olhos denunciariam uns trinta e poucos anos, caso estivesse encarnado.

Alex fora sobrinho de Diógenes, na Grécia, o filho de sua irmã. E também havia sido irmão mais novo de Lua Vermelha, conhecido entre os *dakota* como Lobo Saltador. Mas nele parecia evidente que a reencarnação mais antiga havia sido a mais marcante, e praticamente ninguém o conhecia por seu nome indígena. Sua vestimenta era composta de calça *jeans* azul-claríssimo e camisa larga branca, com o cadarço que deveria fechar a gola, mas que, apesar de transpassado pelos diversos pequenos orifícios, tinha as pontas soltas sobre o tórax.

– Pra mim, você sempre foi mestre, desde o tempo em que me falava das aparições públicas de Sócrates e de suas lições. E mesmo que queira ser meu irmão, sempre será meu irmão mais velho e mais sábio.

– Eu não devo permitir de modo algum que os títulos mudem um relacionamento que deve ser entre iguais, sempre. Garante que isso não acontecerá?

– Eu o respeito e o admiro, irmão. Permita-me sentir isso.

Diógenes Lua Vermelha sorriu e tocou o ombro do companheiro. Quase não tinham tempo para conversas, as tarefas eram sempre sua prioridade.

Túlio chegou ao escritório de Rogério sabendo o que ia fazer e pronto para arcar com as consequências.

Se o amigo precisasse de apoio, ele estaria ali, como sempre. Sabia como era quase insuportável ser preterido, tinha visto com seus próprios olhos Bruna beijar outro homem, enquanto ainda estavam juntos. A sensação era horrível. Porém, pior era ser e continuar sendo enganado.

Rogério percebeu que o amigo estava tenso ao entrar e ofereceu-lhe um café.

– Não, obrigado.

– O que o traz ao meu humilde local de trabalho? Se forem nossos negócios, preferia não discutir aqui dentro. As paredes têm ouvidos.

– Vamos falar disso noutra hora. O assunto que me traz aqui é muito sério e muito particular.

A expressão de Rogério passou a mostrar certa preocupação. Túlio continuou:

– Nós somos amigos, certo? Se existe uma coisa em que eu acredito, nesta vida, é na nossa amizade.

– Claro!

– Sempre tive você como uma espécie de conselheiro, e você raramente me deu palpites errados. Acho que é num momento como este que preciso ser capaz de retribuir.

– Você está me assustando!

– Esteja certo de que não queria ser eu a trazer-lhe esta informação. Mas, na falta de alguém melhor, e como só eu vi, e mais ninguém...

– Pelo amor de Deus, homem! Fale de uma vez!

– Bom... A Marjorie... ela está... traindo você.

– Hein?!

– A Marjorie está traindo você com o Marcelo.

Rogério andou de um lado para outro, desorientado.

– Isso só pode ser brincadeira. Não é possível! Não pode estar acontecendo! Como?... Quando?... Onde?...

– Ontem foi aniversário da Dena e fomos a um barzinho.

– É, eu soube. Tive uma reunião até tarde e li o *torpedo* que a Dena me mandou, mas já eram umas onze horas e eu precisava ir pra casa. As coisas aqui não vão muito bem, sabe? Um dos sócios quer sair e levar a parte dele em *cash*. Seria bom se ele fosse embora, mas não temos liquidez no momento... Bom, isso é outro assunto. Eu não fui ontem porque não tinha cabeça para comemorar nada.

– A Marjorie foi. Parece que ela não conseguiu falar com você. E o Marcelo estava lá. Bem... o Marcelo é o Marcelo, você sabe! Enquanto estavam todos ali, nada aconteceu, foi como de costume. Mas a Marjorie exagerou na bebida e o Marcelo se ofereceu para levá-la para casa.

– Sei...

– Pois é. Logo depois que eles saíram, eu também resolvi ir embora e... adivinhe! Quando cheguei ao estacionamento, vi o Marcelo e a Marjorie no maior amasso, dentro do carro dela!

Rogério, visivelmente alterado, elevou o tom de voz:

– Não sei... isso não parece coisa dela. Ela sempre foi tão doida pra 'acertar os ponteiros' e casar de uma vez. Eu é que fico protelando. Estou aguardando uma situação profissional mais estável para assumir esse compromisso e marcar a data. Você tem certeza do que viu?! Por favor, isso é gravíssimo!

– Imaginei que você não acreditaria.

Túlio retirou do bolso o celular, encontrou a foto tirada na noite anterior e entregou-o a Rogério, que olhava sem acreditar.

– Não, não, não, não pode ser! Não pode ser! Não faz sentido! A Marjorie?! Não!

– O que você vai fazer?

– Falar com o Marcelo! Dar um soco na cara dele!

– Ei! Tem certeza de que não devia falar com ela, antes?

– Não, foi ele! Ele se aproveitou da oportunidade, viu que eu não estava presente e jogou a rede! Aquele inútil! Ele pensa que pode avançar na namorada dos outros e nada acontece? Ele vai ver!

– Rogério, não quero que se sinta mal, mas há tempo que você não tem estado em forma. E Marcelo é campeão de *ninjitsu*! Ele vai acabar com você em um minuto!

– Não, com a raiva que eu estou sentindo. Eu derrubaria um leão, agora! Você vem comigo?

Túlio vacilou. Não queria participar daquilo, mas também não podia tirar o corpo fora naquele momento. Talvez acontecesse uma tragédia, se Rogério e Marcelo se encontrassem sozinhos.

Rogério pegou o paletó e passou pela recepcionista.

– Vou resolver um assunto urgente. Anote meus recados.

– Dona Marjorie deixou isto para o senhor... acho que é almoço.

– Coma você, se quiser. Estou sem apetite.

Rogério pressionou o botão do interfone, apresentou-se e o porteiro anunciou sua chegada ao apartamento de Marcelo.

– O senhor vai subir? – indagou o funcionário.

– Prefiro que ele desça – disse Rogério, com segurança.

– Amigo, pense no que vai fazer...

– Calma, Túlio. Alguém precisa parar esse folgado. Quis o destino que fosse eu.

– É fácil colocar a culpa no destino, não é? Como se você não tivesse escolha.

– E você acha que eu tenho?

– Sempre se tem escolha, Rogério. Ontem mesmo, você poderia ter mandado a reunião *às favas* pra passar umas horas com a sua namorada. Se fizesse isso, não estaríamos aqui, agora!

– Agora vai pôr a culpa em mim?

– Não é questão de culpa! Mas reconheça que anda negligenciando a Marjorie. Nos primeiros tempos, só falava dela, não ficavam um dia sem se verem. Dá pra notar que alguma coisa mudou, ultimamente...

– Tenho muitos compromissos e pouco tempo pra mim. Não é fácil ser dono do próprio negócio e ter sócios que fazem bobagens atrás de bobagens. Você tem um emprego, tem garantias. Não é o meu caso. Eu ainda estou construindo o meu pé-de-meia, arduamente, para dar uma vida confortável para aquela... aquela... traidora vulgar!!

– Calma! Você ainda não ouviu o lado dela.

– O que tem para ouvir?! Está aqui, na foto, tudo o que preciso saber!

– Você está nervoso. É assim que se faz besteira. Por que não se acalma e vamos sentar num lugar tranquilo, enquanto você coloca a cabeça no lugar?

Rogério sossegou por um tempo, mas depois voltou à sua disposição anterior.

– Não! Pelo menos, o Marcelo vai me ouvir. Se ele não vai apanhar de mim, vai ter que ouvir umas verdades!!

– Então, respire fundo e pense no que vai dizer. Não vamos fazer um escândalo no meio da calçada, certo?

Nesse momento, a porta de vidro do edifício se abriu e Marcelo caminhou até o portão, cumprimentando os dois amigos.

– Você sabe por que eu vim, não sabe? – perguntou Rogério, ligeiramente ofegante.

– Imagino – Marcelo aparentava calma e domínio.

– Eu já sei. Sei o que rolou entre você e a Marjorie, ontem.

– Ah, sabe? E o que foi?

– Não seja cínico!

Marcelo tentou manter a calma. Além de um temperamento moderado, os anos de aprendizado de artes marciais ajudavam muito nessas horas.

– Não estou sendo cínico. Ora, você não estava lá. Não viu nada! Então, soube por alguém. – Marcelo disse isso olhando com o canto do olho para Túlio. – Sabe, você pode pensar que aconteceu uma coisa quando, de fato, aconteceu outra bem diferente.

Rogério interrompeu Marcelo:

– Eu tenho a prova! Eu vi a foto do beijo!

– Ahn, sei... E o que a foto disse pra você?

– Que você é um canalha folgado, que gosta de pegar a mulher dos outros!

Rogério deu um passo à frente e foi detido por Túlio:

– Calma aí, amigo! Deixe-o falar!

– Deixar falar? De que lado você está?

Túlio soltou Rogério.

– Olha aqui seu, folgado, seu garanhão, seu ...! Eu tenho uma relação de oito anos. Você me conhece há quase cinco anos e, quando me conheceu, eu já estava com ela. Você sabe que nosso lance é sério, que é para casar...

– Não é isso que a Marjorie estava pensando, ontem...

– Como?!

– Olha, ela estava carente. Disse que você andava distante e que ela achava que você escondia coisas dela.

– É mentira!!

– É verdade!! Se essa foto que você tem aí falasse mesmo, ela diria que a Marjorie bebeu em excesso e chorou por SUA causa. E que eu me ofereci para levá-la em casa porque – e sempre joguei aberto quanto a isto – sou, sim, muito a fim dela! Eu sempre joguei limpo, cara! Mas ela acredita que você, pelo contrário, faz coisas que não pode contar a ela, resolve assuntos importantes para ela sem consultá-la...

– Não me faça bater em você!!

– É assim que você resolve uma briga quando perde a razão? Na base da violência?

Marcelo sentiu faltar-lhe o ar. Por um instante, teve necessidade de apoio e encostou-se no portão, que abriu e fê-lo cair no chão. Marcelo percebeu que estava apagando e só teve tempo de pensar: “Deus, não me leve agora, por favor!”

Enquanto tudo ao seu redor ia ficando embaçado até sumir, Marcelo ouviu uma espécie de assovio agudo, mas não soube o que aconteceu. Sentiu o impacto de sua cabeça contra o piso da calçada mas, no nanossegundo seguinte, já não estava mais na calçada de seu prédio. Os carros e o movimento em redor tinham sumido.

– Você está bem. Sossegue, não chegou a sua hora – ouviu uma voz dizer.

– Quem é você?

– Eu podia dizer que sou um amigo, que sou a ajuda divina que pediu. Quer dizer, se fosse mesmo sua hora, eu não poderia impedir, só poderia ajudar a fazer a passagem... Mas não era sua hora.

– Quem é você?

– Meu nome é Lobo Saltador.

– ... Lobo Saltador? Onde estou?

– Você desmaiou.

– Des... maiei...?

– Você vai acordar daqui a pouco. Chamaram sua mãe, vão levá-lo para cima e você vai acordar no sofá da sua sala com um corte atrás da cabeça. Só isso.

– Você me parece familiar. Eu o conheço?

– Isso não importa agora. Tente não se preocupar muito com o que houve. Você vai ficar bem.

Alex não soube ao certo por que havia dado seu nome índio pra começar, algo que ele não fazia há tanto tempo... Mas a familiaridade com Marcelo foi impressionante, de modo que ele entendeu que não era apenas um encontro, mas certamente um reencontro.

Marcelo abriu os olhos e a sua primeira visão foi dos rostos de sua mãe e irmã olhando fixamente para ele.

– Que... houve...?

– Você ficou inconsciente – disse Léia, a mãe. – Seus amigos ajudaram a carregar você para cá.

– Amigos?

– O Rogério e o Túlio, que estavam lá embaixo. Como se sente?

– Zonzo.

– Eu pedi para o doutor Miller vir ver você. Ele disse que é para descansar e que ele virá no final da tarde.

– Não precisa, mãe! Além disso, tenho a eliminatória do torneio...

– Esqueça. Se quiser que eu ligue para alguém, avisando que não vai lutar hoje, eu ligo. Mas você não vai sair daqui sob nenhuma hipótese.

Nesse momento, o telefone tocou e Silvia, a irmã, disse que era Marjorie.

Léia disse para Silvia dar uma desculpa, do que Marcelo discordou.

– Me dá aqui, por favor.

– Acho melhor... – arriscou Léia, conhecendo, porém, a tenacidade do filho.

– Droga! Me dá esse telefone!

– Tem certeza de que está em condições? – insistiu a mãe.

– Me dá!

– *Oi, Marcelo. Estava pensando melhor e acho que precisamos esclarecer umas coisas. Sobre ontem...*

– Rogério já sabe.

– *Hein?! Como?!*

Marjorie tencionava combinar com Marcelo o que dizer ao noivo, para que houvesse o mínimo possível de danos. Agora, isso era inútil.

– Ele veio aqui com o Túlio. Estava descontrolado.

– *Essa, não! Não era para ele saber assim!*

– Bom, agora não adianta lamentar. Apenas esteja preparada para quando se encontrar com ele, porque ele não deve demorar muito para te procurar.

– *O que eu faço? Que droga! Que que eu faço?*

– Se puder, marque com ele num lugar público. Deixe que ele fale bastante primeiro. Depois, diga que foi um equívoco, um momento de fraqueza. Diga que você lamenta muito, peça para que ele a perdõe e garanta que não vai se repetir... Agora, preciso desligar, tenho um torneio para disputar. Podemos conversar mais, depois.

– Ok. Boa sorte na competição. Tchau.

– Tchau.

Léia insistiu no seu ponto:

– Você não pode lutar, meu filho.

– Eu é que sei de mim, mãe! E eu vou de qualquer jeito!

Ao tentar levantar, Marcelo sentiu voltar a tontura e as pernas ficarem fracas, tendo que ser amparado por Silvia.

– Mano, acho bom você aceitar o fato de que não pode competir hoje.

– Mas eu tenho que ir! A equipe vai balançar sem mim.

– Do jeito que você está, a equipe ia balançar *com* você, também. Além de não sabermos se é arriscado. Vamos esperar o doutor Miller.

– Quando ele chegar, quero falar com ele a sós, entenderam? A sós!!

Túlio apareceu no trabalho quando já eram quase cinco da tarde. Bruna estava em sua sala, aparentemente organizando suas pastas.

– Boa tarde, Bruna. Não precisava fazer isso.

– Não tinha mais nada para fazer. Imprimi e conferi as petições que deixou. Seus recados estão sobre a mesa.

– Eu agradeço. Agora, pode sair.

– Eu... posso falar uma coisa?

Túlio hesitou, mas lembrou do conselho de Rogério.

– Se for assunto de trabalho, pode.

– É muito importante... E é pessoal.

– Vamos deixar as conversas pessoais para outra ocasião, está bem?

– Eu não posso. Queria explicar que fiz aquela apresentação de fotos há muito tempo. Foi uma brincadeira de amigas. Se perguntar por que mandei pra você, eu não saberia dizer. Às vezes, faço coisas que não sei por que fiz...

Ela queria parecer pura, angelical, mas tudo o que conseguia, segundo Túlio, era mostrar sua capacidade de ser falsa. Ele então foi enérgico:

– Eu realmente não quero saber. Ou melhor: eu sei de que fotos você está falando e talvez seja melhor esquecer. Vou deletar o arquivo. Faz de conta que nunca aconteceu.

A voz de Túlio tremeu levemente ao pronunciar a última frase.

– Túlio, acho que machuquei você de muitas formas. Eu não pretendia, porque você foi a melhor coisa que me aconteceu em toda a minha vida.

– Não quero falar disso.

– Você tem que acreditar que eu mudei ou, pelo menos, que estou tentando mudar! É muito importante para mim.

– Confiança é um material delicado, Bruna. Cuidado ao manuseá-lo, ou perde sua qualidade original para sempre.

– Mas...

– Cumpra sua função neste período. Seja uma boa assistente. Não devemos esperar mais nada, além disso. Você conhece suas atribuições funcionais aqui na empresa. É por um mês só, faça seu trabalho, isso é tudo o que desejo no momento. Feche a porta quando sair. E pode ir embora, se quiser.

Bruna baixou os olhos e saiu devagar. Túlio reclinou a cadeira para trás e respirou fundo. Ele tinha certeza de que aquilo que ela havia dito estava cheio de péssimas segundas intenções. Mas estava surpreso com a mudança de tática.

Por outro lado, o rapaz estava contente, pois tinha passado por aquela prova. Era só conseguir ter mais vinte e nove dias como este na empresa, tirando sábados e domingos, e logo se veria livre daquela mulher.

Rogério dirigia para a casa de Marjorie como se tivesse ligado seu piloto automático mental. O caminho era tão conhecido, por um lado, e sua cabeça fermentava tanto, por outro, que era quase como se o carro andasse sozinho.

O entardecer surpreendia pela beleza e tranquilidade. Pelo horário de verão, passava das dezenove horas, mas o sol ainda brilhava e invadia o carro com sua luz e seu calor.

Alex buscou aconselhamento com Diógenes:

– O que vamos fazer agora?

– Do que está falando? De Rogério e Marjorie?

– E de quem mais?

– Ainda precisamos monitorar o estado de Marcelo. Ele adormeceu, mas acordará perturbado e ouvirá do médico palavras que preferia não ouvir...

– Não me esqueci disso. Mas esses dois certamente vão brigar, se não fizermos algo.

– Você está pensando em interferir?

Alex conhecia a regra quanto a isso. Mas Lua Vermelha a repetiu:

– Podemos observar e ajudar, mas, nunca, interferir. É assim que funciona.

– Bem... Mas por que tem de ser assim? Está cheio de caras no nosso mundo que ignoram essa regra, que não ligam a mínima. Eles interferem, atrapalham... Quando a gente quer interferir para ajudar, não pode?

– Você não estaria ajudando dessa forma, embora creia que sim. Você estaria interferindo para fazer as coisas do jeito que *você* acha melhor. E é isso que a regra quer evitar, preservando o livre-arbítrio dos encarnados.

– Mas é evidente que eles se gostam e que estão a ponto de brigar pelas razões erradas...

– Isso acontece o tempo todo no mundo. Pessoas brigando pelas razões erradas. Muitas vezes, com sérias consequências.

– De que adianta conhecermos tudo isso, se não temos o poder de evitar que aconteça?

– Os seres humanos aprendem com seus erros e acertos. É assim que funciona. Além disso, você está fazendo uma previsão pessimista baseado na ocorrência da tarde. Rogério e Marjorie podem brigar, mas não é a única possibilidade.

– Bom, parece que ele está indo lá para isso...

– Você não tem como fazer previsões cem por cento certas, quando se trata de ações humanas. Eles ainda podem conversar, podem se entender. Hoje, mesmo, você viu Rogério saindo do escritório decidido a agredir Marcelo, mas não foi isso que aconteceu. Ele e Túlio ajudaram Léia a socorrer o filho, no fim das contas.

Diógenes fez uma pausa para que Alex assimilasse o raciocínio e, depois, continuou:

– De qualquer maneira, se o entendimento não ocorrer agora, ainda assim os dois estarão desenvolvendo sua capacidade de lidar com problemas, estarão sendo convidados a conhecer melhor a si mesmos e a refletir sobre as consequências de suas ações. E este é o propósito da lei de evolução. Você acha realmente que sabe, melhor do que a lei de evolução, o que fazer?

– Você fala da lei de evolução como se ela fosse 'alguém'.

– É um aspecto da harmonia universal que opera em todas as dimensões do Universo. Observe como tudo atende a um propósito inteligente, mesmo os acontecimentos aparentemente fortuitos... Tudo age no sentido de nos encaminhar para a melhoria de nós mesmos.

– Como um livro caindo aos seus pés...

– Digamos que sim. Veja, no caso do livro, não há interferência, há uma oportunidade de escolha. Você não sabe o que ele vai fazer com ele e, embora possa até sugerir, Túlio vai acabar fazendo mesmo o que ele quiser.

– Ainda tenho uma questão. E quando a interferência ocorre? Digo, há realmente espíritos interferindo nos pensamentos das pessoas por aí...

– A resposta é a mesma: lei de evolução. Sem que tenham consciência disto, e acreditando que atendem aos seus objetivos egoísticos, estes espíritos estão sendo instrumentos da evolução para si mesmos e para outros. Perante si mesmos, sentem-se injustiçados ou prejudicados, acreditam no direito de exigir reparação. Aprenderão que a experiência da vingança é vazia de satisfações, que não se encontra aí o caminho da felicidade. Para aqueles que os atraem por suas atitudes presentes ou por fixação em comportamentos passados, é a colheita dos pensamentos e intenções semeados, alertando para a necessidade da mudança profunda nos sentimentos e atitudes.

– Tudo é justo e sábio. Como diz o salmo, "o caminho de Deus é perfeito".[2] Mas... como pode? Como pode ser que todas as ações, emoções, reações, como pode tudo se encaixar num plano divino que, ao mesmo tempo, respeita a liberdade das criaturas?

– Há certas coisas que ainda não conseguimos compreender... mas vislumbramos que funcionam perfeitamente.

A campainha tocou e Marjorie viu através da cortina que era Rogério. Arrumou os cabelos diante do espelho, antes de abrir a porta, e foi até o portão.

[2] Salmo 18,30.

– Oi – disse Rogério.

– Oi.

Marjorie percebeu no olhar do namorado uma mudança. Era mais que raiva e ressentimento, era como se um tipo de lama escura envolvesse seu coração, como se as imagens mentais o atormentassem, acusando-o e, também, dando-lhe razão ao mesmo tempo.

Ele sabia que tinha errado, de alguma forma. Mas acreditava que ela tinha errado mais.

– Quer entrar?

– Não sei se é conveniente. Não queria falar perto de seus pais. Eles já sabem? – perguntou Rogério.

– Não.

– Então, vamos a algum lugar.

Marjorie teve receio, pois não sabia o que Rogério seria capaz de dizer ou fazer. Lembrou-se da sugestão de Marcelo.

– Vamos até a pracinha. Ainda tem movimento a essa hora, mas ninguém vai nos importunar.

O casal fechou o portão e seguiu a pé, pois seu destino não ficava longe. Sentaram-se num banco à sombra. O sol lançava seus derradeiros raios e já se podia ver a Estrela da Tarde.

Rogério pegou o celular, para o qual Túlio havia transferido a foto tirada na noite anterior. Entregou-o a Marjorie em silêncio.

A jovem olhou para a imagem e suas emoções ficaram confusas.

– Precisava acontecer 'isso' para você me procurar? – indagou ela.

– O quê? Você está querendo virar essa conversa contra mim?

– Não! De forma alguma...

Rogério ficou em silêncio, olhou para o grupo agitado de crianças que corriam a poucos metros.

– Por quê, Marj? Desde que eu soube, desde que o Túlio me mostrou essa foto, eu estou me perguntando isso: por quê?

– Bem... Foi um momento de fraqueza. Eu tinha bebido um pouco além da conta, estava triste, carente. Tinha procurado você. Não respondeu às minhas mensagens. A gente não se falava desde domingo, e eu fiquei pensando umas coisas... Aí o Túlio disse que vocês estavam tratando do assunto da sociedade de vocês. Eu me senti muito mal, porque você não tinha falado nada disso comigo e já estava conversando com ele...

– Espere um pouco. Foi só uma ideia, ok? Eu não estava planejando isso há tempos, como você deve estar pensando. As coisas na minha empresa estão complicadas, um dos sócios está saindo. Por isso ando ocupado. O Túlio também disse que está cansado do emprego dele, então falamos de nosso velho projeto. Mas não é nada resolvido, ainda.

– Eu estava mal, ontem. Tinha comprado umas coisas pra nossa casa, como já venho fazendo há anos. E minha mãe me alertou pro fato de que, em todo esse tempo em que estamos juntos, você nunca falou concretamente em casamento.

– Como, não?!

– Você nunca tocou no assunto, Rogério! – Marjorie percebeu que elevou o tom da voz, então fez uma pausa, respirou fundo e, depois, recomeçou: – Bom, primeiro, isso. Segundo, descubro que você abre seus projetos para o Túlio, em vez de falar comigo. Terceiro: passa dois dias sem me ligar, o que nunca acontecia nos primeiros tempos. Não me responde, nem pelo *Messenger*, que eu sei que você deixa permanentemente ligado, por causa dos clientes.

– Isso é bobagem! O que nós temos não começou ontem, nem domingo. Você está sendo imatura! Passa dois dias sem me ver, pensa umas besteiras e isso já é motivo para se atirar nos braços de outro homem?

– Eu não me atirei nos braços de ninguém!!

– E como você chamaria o que fez?

– Eu já disse. Foi um deslize. Um momento em que eu estava frágil e alguém se ofereceu para me apoiar...

– Sei! E quem poderia ser? O Marcelo Gatto! Claro!

– Ele foi extremamente gentil, sensível, amigo. Eu estava mal, ele quis me ajudar. Foi só!

– Ótimo! Ele deve ser aquilo de que você mais precisa agora, não é mesmo?

Marjorie começou a chorar.

– Não é nada disso...

– É isso, sim! Quando eu beijava você, quando nós transávamos, eu não estava só fazendo sexo. Eu estava expressando meus sentimentos, eu estava totalmente ali, com a mulher que eu amava e que escolhi para ser minha esposa. Sempre quis que fosse especial – ou melhor, sempre achei que fosse especial. Cada momento que nós tivemos foi especial para mim. Mas ver você nesse *amasso* com um cara volúvel, safado, superficial, abriu meus olhos! Ah! Se abriu!

– Para com isso, Rogério!

– O cara é um sujeito à toa. Filhinho da mamãe. Isso mesmo: vinte e nove anos nas costas, e ainda vivendo à custa do 'papai' na casa da 'mamãe'?! Pulando de faculdade em faculdade, frequentando academias. Nunca teve um bendito trabalho fixo!

– Ele é um bom amigo e uma boa pessoa!

– Pois fique com ele!! Só não pense que vai durar! E nem que ele vai falar com você de casamento, porque ele não faz nada para longo prazo! Ele pode ser interessante, pode beijar bem. Mas não vai muito além disso...

– Rogério, você está... terminando comigo?

– É o melhor a fazer! Eu não vou namorar uma *piranha* que me acusa de fazer coisas escondidas, mas que esconde que faz coisas muito, muito piores!

– Desculpe! Desculpe! Rogério, espere! Você tem que me perdoar, pelo amor de Deus! Eu procurei você hoje. Eu ia contar! Mas você estava em reunião, então eu deixei o almoço com a recepcionista...

– É fácil, agora, querer se justificar baseada em coisas que não aconteceram, não é? Você foi até lá e não posso saber por quê. Mas eu me baseio no que nós sabemos que aconteceu, e para mim acaba aqui!!

Rogério levantou-se abruptamente e foi embora. Marjorie sentia-se desorientada e só conseguia chorar.

As crianças pararam de brincar e olharam para ela. Quando percebeu que tinha virado o centro das atenções, enxugou os olhos, levantou-se e caminhou. Porém, nada parecia igual ao que era antes, mesmo no trecho conhecido entre a pracinha e o portão da casa de seus pais, nada parecia ser o mesmo...

Alex estava perplexo:

– Então, Diógenes? É assim que termina?

– Não podemos falar em 'terminar'. É uma palavra muito definitiva. É assim que as coisas vão ficar, por enquanto.

– Eu não gostei...

– Meu caro, tenha paciência. Não gostar, muitas vezes, significa não entender as raízes mais profundas das questões humanas. É preciso enxergar além. Rogério e Marjorie deixaram as coisas chegarem a esse ponto. Não precisava ser assim, mas foi isso que eles plantaram e, agora, a colheita foi inevitável. Não se preocupe, ainda estamos aqui, ainda podemos consolar corações doídos e tratar feridas da alma.

– Disso, eu gosto muito!

– Ótimo!

Alex quis mencionar o fato de ter se identificado para Marcelo como Lobo Saltador.

Era uma encarnação que preferia não recordar. Havia muitas dores e muita vergonha para si e Alex percebia que Lua Vermelha não tocava nesse assunto há muito tempo, possivelmente, em respeito aos seus sentimentos.

Que quereis?

Mt 20,21

A nação *sioux*[3] viveu profundas transformações em sua vida, durante o século XIX. O começo das dificuldades, contudo, havia ocorrido bem mais cedo, desde que Cristóvão Colombo aportou na América, nos primeiros contatos entre o povo nativo americano e os europeus.

Tanto na América do Norte como na América Latina, o europeu foi recebido cordialmente por aqueles que ali viviam, que passaram a ser chamados pelos estrangeiros de "índios", uma denominação genérica para centenas de tribos e povos americanos distintos espalhados por todo o continente.

Referindo-se aos tainos da ilha de São Salvador, Colombo escreveria aos reis da Espanha que "tão afáveis, tão pacíficos são eles, que juro a Vossas Majestades que não há no mundo uma nação melhor. Amam a seus próximos como a si mesmos e sua conversação é sempre suave e gentil, e acompanhada de sorrisos".[4] No Brasil, muitos portugueses receberam de presente esposas índias, tendo sido acolhidos de braços abertos, pela terra generosa recém-descoberta.[5] Contudo, a retribuição foi muito diferente.

---

[3] *Sioux* é um termo que se refere aos povos *dakota*. Eles assim foram chamados pelos colonos franceses que afrancesaram a expressão *siuks*, cujo significado é "homens-búfalo" e era como as demais tribos chamavam os *dakota*. Os búfalos participavam amplamente de suas vidas e de seus mitos. (Onça, Fabiano. Sioux: os homens-búfalo. In: *Aventuras na História*, Ed. Abril, versão online. Disponível em: <http://guiadoestudante.abril.com.br/estudar/historia/sioux-homens-bufalo-434289.shtml> Acesso 09 Jun 2011)

[4] Citado por Dee Brown em *Enterrem meu coração na curva do rio*. Melhoramentos, 1984.

[5] Darcy Ribeiro fala desse costume denominado "cunhadismo" em *O povo brasileiro: a formação e o sentido do Brasil*. Ed. Cia. das Letras, 1995.

Os estrangeiros vinham movidos por curiosidade ou ganância. Seu modo de pensar era diferente, e olharam para a gente que vivia aqui com ares de superioridade.

O português que desposava uma moça índia passava a contar com uma grande 'família', e ali ele via a oportunidade de colocar seus membros a seu serviço pessoal ou na produção de mercadorias.[6]

Em geral, os europeus olharam para o Novo Mundo como um acréscimo de sua riqueza monetária e de seu poder terreno. Agiram como se os índios fossem seres selvagens, necessitados da cultura, da religião e da civilização que eles podiam trazer-lhes, tornando o encontro entre estes dois mundos conflituoso e, frequentemente, dramático.

Na América do Norte, os ingleses e os índios viveram como vizinhos durante muito tempo. Lançados em região desconhecida e muitas vezes inóspita, muitos brancos não teriam sobrevivido sem a ajuda índia. Contudo, não demorou a se ver o corte sistemático das árvores, a exploração do ouro e a invasão dos vastos territórios. Quando os invasores se estabeleciam, passavam a agir como donos da terra, uma ideia que não existia no pensamento dos nativos. Para eles, não fazia sentido possuir a terra, pois era como se a terra os possuísse e guiasse em suas vidas.

Colonos europeus dirigiram-se cada vez mais para o interior. Em muitos casos, massacrando populações locais. Os *iroqueses* foram embora fugindo da sanha do homem branco, parte para o Canadá, parte para o Oeste. E a sua foi apenas uma entre muitas histórias lamentáveis.

A tensão entre brancos e índios acabou levando à necessidade de se estabelecer tratados de ocupação da terra, que eram continuamente descumpridos pelos brancos. Entre 1795 e 1840, os *miamis* travaram batalhas e assinaram tratados diversos, cedendo tantas terras no vale do rio Ohio até não terem mais o que ceder.[7] Situações de violência e sofrimento se repetiam por todo o território.

No ano de 1829, Andrew Jackson se tornou presidente dos Estados Unidos. Como militar, estava acostumado a combater nas fron-

[6] "Como cada europeu posto na costa podia fazer muitíssimos desses casamentos, a instituição funcionava como uma forma vasta e eficaz de recrutamento de mão-de-obra" (Ribeiro, 1995, p. 82).

[7] Brown, 1984.

teiras índias, onde era conhecido como Faca Afiada. Faca Afiada propôs ao Congresso uma lei segundo a qual as terras a oeste do rio Mississipi (com exceção do estados de Missouri e Arkansas, e da Louisiana) seriam garantidas aos índios e respeitadas pelos brancos como território indígena.

Em 1834, foi votada uma lei para regulamentar o comércio com as tribos e preservar a paz nas fronteiras, ela previa que nenhum branco poderia comerciar na terra dos índios sem licença e o exército dos Estados Unidos garantiria o seu cumprimento.

Antes mesmo dessa lei passar a vigorar, porém, mais colonos brancos se dirigiram para o Oeste e formaram os territórios de Iowa e Wisconsin, o que levou o governo a alterar a fronteira índia permanente, do rio Mississipi para o meridiano 95.

Os rios ficaram cada vez mais cheios dos detritos deixados pelos invasores, a terra ia sendo devastada. "Para os índios, parecia que os europeus odiavam tudo na natureza – as florestas vivas e seus pássaros e bichos, as campinas, a água, o solo e o próprio ar".[8]

Diógenes Lua Vermelha havia dito, outro dia, que os brancos chegaram como um câncer, apodrecendo tudo aquilo que tocavam.

Entre as tribos orientais, os *cherokee* teriam de se deslocar mais para o Oeste. O contato com os brancos já tinha trazido para seu cotidiano a guerra, as doenças e o uísque, e eles agora deveriam se mudar, gradativamente, segundo um plano determinado.

Mas a descoberta de ouro nos montes Apalaches, dentro de seu território, levou a aumentar a pressão para que eles o desocupassem e desencadeou uma ação militar para cercá-los e conduzi-los à sua nova morada, onde deveriam ser deixados em paz. E, apesar de tudo, assim que eles se instalaram atrás da "fronteira índia permanente", soldados começaram a marchar através do território índio para guerrear com os brancos que tinham dominado o México.

Em 1858, Minesota tornou-se um estado americano, mesmo estando localizado 160 quilômetros além da "fronteira índia permanente".

E, por volta de 1860, os brancos iniciaram uma guerra entre si. Os estadunidenses do norte (Casacos Azuis) contra os do sul (Casacos Cinzas).

---

[8] Idem, p. 24.

Os *dakota* (ou *sioux*) eram a mais numerosa tribo do Oeste.

No ano de 1876, Lobo Saltador tinha apenas dezesseis anos, vivia o momento importante de se tornar um guerreiro e um homem, acabara de sonhar com aquele que seria seu nome na tribo: vira um lobo que parecia se divertir, saltando na porta de sua tenda. Logo após, o animal crescia e se tornava gigantesco e sério, ocupando a tenda toda.

Ele também acabara de caçar seu primeiro búfalo.

Lua Vermelha era seu irmão mais velho naquela vida e também o feiticeiro da tribo, casado com Pena Pequena. Ele o ajudava a entender os seus sonhos e a lidar com a tensão e a honra de ser adulto.

– Chegou a hora de crescer, Lobo Saltador. E você deve procurar as qualidades do lobo, enquanto cresce. O lobo que defende a família. O lobo que cuida de si. O lobo que ajuda o grupo.

– A tribo é meu grupo?

– A nação *dakota* é seu grupo, Lobo Saltador. Nós somos fortes enquanto somos povo, vivendo segundo nossos ancestrais nos ensinaram, sobre a terra que nos alimenta, sustenta nossos pés e guarda nossos mortos. Aqui está tudo de que precisamos. Respeitar o chão em que nascemos é ganhar o direito de seguir vivendo e espalhando nossos filhos, como quis Wakan Tanka.[9]

Esta foi a primeira lembrança de Alex Lobo Saltador em muito tempo, e ele não lutou com ela. A amizade do irmão e a paz de seu povo não doíam ao serem lembradas, eram passagens felizes de sua vida. E ele buscou ouvir música de tambor, encontrando-a junto a uma jovem em residência próxima que assistia a lindos vídeos no *YouTube*.

[9] O "divino", traduzido algumas vezes como "Grande Mistério" ou o "Grande Espírito".

No sábado, Dena acordou cedo e Cleide estranhou vê-la saindo.

– Vou caminhar. Faz tempo que estou adiando começar isso.

Dena era uma jovem ruiva de cabelos levemente cacheados e olhos azuis. Apesar de bonita e de ninguém de fato achá-la 'gordinha', ela vivia brigando com a balança por um pequeno excesso de peso localizado na área dos quadris.

– Pensei que fosse me ajudar com o jardim... – respondeu Cleide.

– Eu ajudo de outra forma, mãe. Garanto. Não quero perder o *pique*. Depois, tenho que passar a tarde toda redigindo meu relatório para a supervisora do estágio. Deixa eu aproveitar o ar fresco, o céu azul... Você deixa?

– Tudo bem.

– Amanhã eu ajudo, ok?

– Tudo bem, Denise, já disse! Vá sossegada.

Dena era estudante de psicologia. Aos vinte e cinco anos, cursava o penúltimo ano de sua segunda faculdade. Sempre boa aluna, boas notas, boa filha.

Enquanto caminhava, escutava Phil Collins e pensava nos acontecimentos dos últimos dias.

Idade nova, encontro de amigos. Presentes, cumprimentos. Pena o Rogério não ter ido, pois há muito que não o via.

Rogério tinha sido uma paixão de adolescente. Dena, antigamente, não era muito de abrir seu coração, nem de tomar iniciativas e declarar sentimentos. Por isso somente seu diário conhecia esse segredo.

A família e os amigos tinham-na como uma pessoa dedicada, estudiosa, amiga, um tipo exemplar de ser humano. Mas ela própria sabia que era assim só em parte. Outra parte sentia-se só, esvaziada, pressionada pelas expectativas alheias, pelos estudos e pelas exigências do trabalho no GEUB – Grupo Espírita Unidos no Bem – onde coordenava o Departamento de Infância e Juventude.

Também carregava consigo seus desafios pessoais. Era difícil para ela lidar com questões práticas. Tinha muitos pensamentos e dificuldade para colocá-los em ação. No dia-a-dia, não sabia ser muito objetiva. E, quando pensava em fazer algo mais ousado em nome de sua vida amorosa, sempre temia estar quebrando uma regra social ou, mesmo, divina.

Mas agora, pelo que Annie havia lhe contado, Rogério e Marjorie tinham brigado feio. O namoro tinha acabado. Será que não tinha volta? Sentia-se culpada por estar levemente satisfeita com esse desfecho. Porém Dena agora se considerava muito mais capaz de lutar pelo que queria. Talvez...

– Dena!! Espere!!

– Rogério?!!

Beijaram-se no rosto e continuaram. Dena desligou o *i-pod* e tirou os fones de ouvido

– E aí, menina? Posso andar com você?

– Claro! Como vai tudo?

– Estranho... Você sabe... Meu namoro com a Marjorie. É muito estranho estar solteiro depois de tanto tempo.

– A Annie comentou comigo, mas achei difícil de acreditar!

– Eu mesmo ainda não acredito! Ahn! Você se importa de conversar sobre isso? Senão...

– Imagine! Para que servem os amigos?

– Foi terça-feira, dia do seu aniversário, quando ela estava indo embora e o Marcelo foi levá-la para casa. Túlio os viu dando um beijo 'daqueles', sabe? No carro, dentro do estacionamento.

– Um beijo pode significar muita coisa, Rogério. Você não sabe o que estava na mente e no coração deles...

– Como não sei?! No canalha, eu estou de olho há muito tempo. Sei como ele pensa: "Importa viver o hoje, aproveitar o máximo, sem pensar no amanhã, nem nas consequências, nem nas outras pessoas." E ela, minha quase noiva, a mulher que ia ser mãe dos meus filhos, traiu-me depois de todo esse tempo!! Diga pra mim, quando é que a gente pode ter certeza de que conhece bem uma mulher, de que não haverá surpresas desse tipo?

– As pessoas mudam com o tempo. Não estou dizendo que ela traiu você de caso pensado, acho mesmo que ela não faria isso. Mas você vai vivendo de um jeito que acredita ser bom para você e para as pessoas em volta. De repente, vai se dar conta de que não está bem assim, e que você necessita de algo que não está tendo, mas também não sabe como conseguir. Então, aparece a oportunidade...

Dena foi perspicaz o suficiente para saber que o que estava falando a respeito de Marjorie era também sobre si própria. E continuou, dando à conversa novo direcionamento:

– Parece que vocês andavam meio distantes. Talvez, houvesse pouca comunicação, um tipo de comunicação que acabou acontecendo não com você, mas com o Marcelo...

– Não fale esse nome perto de mim!

– Desculpe!

– Se você vai tentar justificar o lado dela, eu...

– Não! Não é isso. Vamos conversar. Quero dizer que as verdadeiras razões pelas quais agimos como agimos nem sempre são claras e transparentes, principalmente para nós. Você e ela tiveram chance de conversar?

– Eu falei tudo o que estava entalado aqui – disse Rogério, apontando para a garganta.

– Você também a ouviu, imagino...

"Dena, o que você está fazendo?", perguntou a si mesma. "O cara vem atrás de você e você quer jogá-lo de volta pros braços da 'ex'?"

– Ouvi muita conversa fiada. Estou profundamente desiludido.

– Tem todo o direito de estar desiludido. No seu lugar, eu estaria com minha alma estilhaçada. Mas você tem amigos. Tem a mim...

– Eu sei. Você é especial, como já deve saber.

– Não sei, não – respondeu Dena, baixando os olhos, levemente constrangida.

– Você é leal, preocupada com os outros, dá aula para crianças, é uma aluna destacada em todos os lugares onde resolve estudar...

– Às vezes, isso pode ser um fardo.

– Como, um fardo?

– Ser a melhor aluna, ser a filha-modelo, achar que tem alguma coisa para ensinar às crianças quando sabe tão pouco sobre si mesma... As pessoas em volta olham pra mim e acham que sou forte, determinada, que eu não preciso de nada mais. Mas isso não é verdade, eu preciso, sim – disse Dena, baixando os olhos, que não esperava abrir assim seu coração.

– Se precisar de algo, fale comigo. Eu saberei ouvir, entender, e, se estiver ao meu alcance, eu a ajudarei.

– Não sei...

– O que tem para saber? Eu digo: você será bem sucedida em tudo aquilo que começar, porque suas mãos têm um tipo de "toque de Midas". Tudo o que você toca vira ouro... E não precisa ter isso como um fardo, porque é natural em você. Só tem que acreditar mais. E conte comigo.

– Obrigada. Acho que precisava ouvir isso...

– O que você vai fazer mais tarde? Que tal uma piscina?

– Tenho coisas da faculdade pra fazer. – Dena vacilou só por alguns segundos. – Mas posso fazer depois! A gente se vê no clube?

– Às três e meia, está bom?

– Ótimo!

Despediram-se quarenta minutos depois, quando Dena resolveu que era suficiente para um primeiro dia de exercícios.

Rogério pegou o carro e pensou em passar numa conveniência, comprar um isotônico, já que a água tinha acabado. Estava contente por ter encontrado Deninha. Pensou que precisava mesmo de um ombro amigo, e que poderia ser ela. Dena era tão querida no grupo, tão centrada, tão compenetrada em suas metas. Além disso, tinha a Cleide, que era uma mãe maravilhosa – e que, em diferentes ocasiões, já tinha sido um pouco mãe de cada um da turma. Ainda não estava pronto para enfrentar sua própria família, mas precisava falar com alguém em quem pudesse confiar. E Dena era a pessoa indicada.

Naquela tarde, Marjorie entrou no *Messenger* depois de três dias. Assunta havia dito que mesmo as brigas feias eram reversíveis e ela estava esperando que Rogério a procurasse. Afinal, ela não tinha dito tudo o que queria. Queria ter falado sobre o quanto andava insegura em relação às intenções dele, o quanto sentia falta de estar com ele e o quanto temia que ele a estivesse colocando de fora dos assuntos principais da sua vida. Há tempos intuía o fato de que ele ocultasse algo e agora parecia que as suspeitas estavam se concretizando. Mas as palavras só apareceram muito depois, no tempo todo que ela tinha usado para pensar no caso e para assimilar as consequências do que tinha ocorrido.

MarceloGato diz: oi! como está?

(Sem resposta)

MarceloGato diz: oi, linda! soube que vcs conversaram e que não foi muito bem...

MarceloGato diz: o Túlio veio aqui me ver e me falou. estou de repouso por ordens médicas.

Marjorie pensou um pouco, sobre se devia ou não, mas decidiu responder à linha anterior, sem dar atenção à última.

Marj diz: É isso mesmo. Ele não quis saber de desculpas, nem de explicações e terminou tudo comigo.

MarceloGato diz: pareceu definitivo?

Marj diz: Até ontem, eu ainda achava que ele ia ligar. Mas hj, não sei, não. Deve ter sido pra valer.

Marj diz: Fiquei muito emocionada com a sua preocupação em me ajudar.

Marj diz: Espere... ordens médicas? Que papo é esse?

MarceloGato diz: tive uma zonzeira. o médico veio aqui e me colocou de castigo.

MarceloGato diz: se estiver mal, não fique aí sozinha. venha conversar comigo. tô dodói.

Marj diz: Soube pela Silvia que precisou de médico na quarta-feira. Sinto muito, muito mesmo. Só depois percebi que, quando me deu aqueles conselhos, vc tinha acabado de passar por tudo aquilo... Sei que deve ter sido difícil.

O rapaz nada tinha mencionado para a família sobre o motivo da vinda de Rogério e Túlio. E, depois do mal-estar e das providências médicas, ninguém mais tinha falado sobre aquilo, o que ele até achava bom, pois não queria alarmar Léia ainda mais.

MarceloGato diz: dr Miller pediu uns exames. o pior foi que me proibiu de lutar, por enquanto.

Marj diz: Você já tinha tido algo assim?

MarceloGato diz: já, uma vez. mas não se preocupe, vou fazer os exames só pra minha mãe sair do meu pé. depois, tudo volta ao que era. ele não podia ter me proibido tb de ir pra facul? - rsrsrs

Marj diz: :-D Só vc pra me fazer rir, hj.

MarceloGato diz: venha me ver que tornarei seu sábado divertido. tenho DVD's novos muito bons, que ainda não vi. minha mãe fez mingau de aveia, eu divido com vc... - rsrsrs

Marj diz: Obrigada, mas eu passo. Melhor ficar por aqui. Ou é capaz de eu deixar vc deprimido...

MarceloGato diz: se mudar de ideia, pode vir a qualquer hora.

Marj diz: Bj, tchau. Fique bom depressa, sim?

MarceloGato diz: vou ficar. xau.

O domingo prometia ser lindo e muito quente. Dena ajudou Cleide no jardim durante a manhã. A mãe logo notou que ela estava um pouco distraída. Não sabia bem por quê, mas isso a preocupava.

Cleide estava acostumada a ter certas intuições sobre as coisas. Os longos anos de trabalho em reuniões mediúnicas tinham apurado a sua sensibilidade para o campo emocional dos espíritos, mas também ajudavam a perceber o estado dos encarnados.

Quando o telefone tocou e era Annie convidando Dena para comer seu espaguete *al pesto*, Cleide disse que ela estava dispensada da tarefa e que fosse tomar um banho e divertir-se um pouco. Afinal, os estudos e o trabalho com as crianças, da forma como Dena os levava a sério, ocupavam-na muito durante a semana toda. Dena ficou contente, pois Annie era a pessoa com quem mais conversava sobre assuntos íntimos e queria muito contar para alguém sobre o dia anterior, sobre o encontro 'casual' com Rogério.

Quando chegou, o aroma de manjericão parecia despertar o ar de sua preguiça domingueira. Annie estava ralando cenouras e beterrabas e Dena ofereceu-se para ajudar.

– Nada disso. Hoje você é minha convidada. Sente-se aí e me conte: como vai a vida?

A anfitriã encheu dois copos de suco de melão e entregou um à amiga. Dena suspirou e pensou em como começar:

– Estou contente. E confusa, ao mesmo tempo.

– O que está rolando?

– Ontem, eu saí pra caminhar. Sabe que vivo querendo fazer isso e não arranjo tempo ou, quando tenho tempo, estou muito cansada e perco a vontade... Bem, ontem eu acordei cedo, o sol não estava quente demais, senti vontade, levantei e fui. Até estranhei minha disposição!

– Que eu saiba, você nem é tão sedentária, assim...

– Sabe quem eu encontrei? O Rogério!

Annie não percebeu a dose *extra* de animação na voz da amiga.

– Como ele estava?

– Parecia bem. Quer dizer, ele não é de demonstrar o que está sentindo... Mas nós caminhamos juntos, falamos de várias coisas... Ele disse que é estranho estar solteiro a essa altura da vida. Está muito magoado.

– Até aí, não tem surpresa nenhuma.

– Então, calma!

– Conte! Estou ansiosa!

– Bem... Eu nunca disse isso a ninguém. O Rogério é uma paixão do meu passado.

– O quê?!

– Quando eu tinha uns dezesseis anos, ele tinha vinte e dois. Ele não olhava pra mim, nem sabia que eu existia. Mas, pra mim, ele era o homem mais lindo, gentil e charmoso de todo o mundo! Maduro, universitário, cabelos castanhos ondulados ao vento...

– Ah! Sério, mesmo? Estamos falando da mesma pessoa?

– Não brinque, é sério! Ele nunca soube, aliás, ninguém jamais soube, com exceção do meu diário. E nunca aconteceu absolutamente nada. O auge das minhas lembranças foi o dia em que dançamos na festa de casamento da minha prima. Ele era bonito, cheiroso... Hummm... Tão bom estar bem pertinho!...

– Agora, você parece ter dezesseis anos, novamente – comentou Annie, rindo.

– É que parte de mim se sente viva, renovada. É como se algo em minha alma tivesse recobrado a vida, uma luz se reacendendo depois de todo esse tempo.

– Você quer dizer que está gostando do Rogério?

– Eu sempre gostei. Mas sabia que não tinha chance de dar certo, porque ele logo trouxe a Marjorie para o nosso convívio e começou a namorá-la. Eu custei para superar isso, mas – sabe como é – os seres humanos têm grande capacidade de superação do sofrimento, e eu consegui. Até namorei uns dois caras, depois disso! Porém, nunca o esqueci completamente...

– E agora, você acha que tem uma nova oportunidade com ele. Certo?

– Não sei. Pode ser.

– Não se esqueça de que tudo ainda é muito recente. Oito anos não são oito dias. Ele está ferido em seu orgulho mas, quando cicatrizar, pode olhar a Marjorie com outros olhos, lembrar do que dividiram de bom...

– Eu sei disso! Mas eu sempre deixei as coisas acontecerem. Sempre fui muito tímida para me atirar em direção a um sonho. E o que tenho? Um diploma de letras, um bom conceito entre os professores do meu curso... Inscrevi-me para cursar um semestre na França, não sei se tinha contado pra você. Bem, isso tudo é ótimo e resolve um lado da minha vida. Mas eu não sou só a estudante modelo, a coordenadora do DIJ, a filha exemplar. Annie, eu não tenho um amor!! Eu nunca consegui me firmar com ninguém, e ultimamente acho estou assim porque ainda estou procurando um Rogério por aí, um Rogério que não existe em nenhum outro cara, a não ser nele mesmo. Agora que ele está disponível, será que eu não tenho o direito de acreditar numa possibilidade de ficar com ele, finalmente?

– Ninguém pode ser impedido de sonhar e acreditar. Mas não jogue fora seu discernimento, sua razão. Ou você vai ter outro grande sofrimento para superar em breve.

– Por que me diz isso?

– Porque sou sua amiga.

– Ele me convidou para ir ao clube ontem à tarde, e eu fui. Nadamos, conversamos. Foi tão natural, como se nos conhecêssemos a vida toda! Sei que ele se sente bem comigo.

– Se você quer lutar pelo Rogério, eu dou força. Mas tenho obrigação de alertar para o risco de, semana que vem, ele reencontrar a Marjorie e eles se entenderem. Como você ficaria? Provavelmente, se isso ocorresse, você não poderia estar mais na lista de amigos deles. Já pensou?

– Eu sempre fui a 'certinha', Annie! Estou cansada! Não acho que minha vida está tão boa quanto poderia estar. Não estou reclamando do que tenho, pelo contrário, sou grata a Deus! Mas eu sempre abri mão do que queria para acomodar a situação dos outros, sempre tive medo de fazer algo que pudesse pesar na minha consciência.

– Isso faz de você quem você é.

– Mas preciso ser assim? Eu não posso ter caráter, integridade e o Rogério? Pense um pouco!

– Fale dessa bolsa na França!

– Seis meses em Paris, estudando psicologia cognitiva e aprimorando meu francês, ao mesmo tempo. E seria minha primeira vez num outro país.

– E não é qualquer lugar. É Paris! Para mim, parece excelente. E sei que, do jeito que é aplicada, pode muito bem conseguir.

– Você mudou de assunto...

– Você é que pensa. Se você for para a França, o Rogério vai ficar aqui, certo?

– Certo.

– Você iria sossegada, sabendo que ele pode ver a Marjorie quando quiser, enquanto você está do outro lado do Atlântico?

Dena hesitou, tomou um gole do suco e olhou pela janela.

– Dena, minha querida, eu não quero desencorajar você. Mas analise as consequências, sim? E vá com calma, observe se não há mesmo, por parte do Rogério, qualquer movimento no sentido de reatar o namoro com a Marjorie. Eu estou falando isso por você, ok?

– Ok. Vou ter cuidado. Ou, ao menos, vou tentar...

Assim como perdoamos quem nos tem ofendido

Mt 6,12

A semana começava suave para Túlio, com Bach, café com creme na padaria e uma garoa leve. Na segunda-feira, ele já estava mais acostumado com a necessidade de interagir com Bruna. Não parecia tão ruim. Ele não havia realmente deletado o arquivo das fotos sensuais, mas tinha conseguido não olhar para ele.

Quando ele chegou e depôs a pasta de couro marrom no lugar de costume, Bruna pediu licença e entrou com seu café.

– Bom dia.

– Bom dia, Bruna. O que temos para hoje?

– Sua audiência no fórum trabalhista.

– Ah! Sim. Traga a pasta para eu rever alguns pontos, por favor.

– Posso falar com você, antes de se concentrar no trabalho?

– Sobre...? – perguntou Túlio recostando na poltrona e saboreando o *expresso*.

– Eu não pediria a você, se tivesse alternativa. Não queria fazer isso.

– Bem, você já está fazendo. Então, continue.

– Você pode me arranjar um empréstimo? Pago assim que receber.

– Fale com o setor de pessoal. Por que está pedindo a mim?

– Eles já me adiantaram uma parte...

– Parte? De que se trata?

– Eu negociei o pagamento de uma dívida do cartão de crédito. Preciso dar a primeira parcela hoje. Mas o vale que eles me deram não cobre...

– Você não aprende mesmo, não é? Continua gastando mais do que pode.

– Agora, é diferente. Minha tia Maria anda doente. Os remédios são caros e nem sempre ela consegue no sistema público de saúde.

– Você quer me convencer de que seu problema de crédito é por causa de uma doença da sua tia?

– Eu juro que é! Você precisa acreditar em mim!

– Não me peça o impossível, Bruna! Não me trate como um ingênuo!

– Eu estou falando com você como alguém que já foi importante pra mim, e que foi bom pra mim, e que sei que tem um bom coração.

– Esse tempo passou! Convença-se disso! Você destruiu todas as chances de eu confiar em você. E eu não fiz nada para isso. Foram as suas ações...

– Eu me arrependi de muitas coisas. Eu nem sei por que agi daquela forma. Você não merecia...

– O que ninguém merece é ouvir essa sua fantasia deprimente logo no início da semana. Eu nunca emprestaria dinheiro a você, porque você é uma mentirosa contumaz, Bruna. Você sairia daqui rindo, pensando que enrolou o 'otário'. Eu já conheço seus truques e você não me pega mais. Quem vai rir de você sou eu. Agora, dê licença que eu preciso trabalhar!

Bruna prendeu a respiração e saiu da sala. Ela sabia que, em parte, Túlio estava certo. Ela às vezes era descontrolada em seus gastos. Porém o que tinha dito sobre sua tia e os remédios era a mais pura verdade. Como convencer o ex-namorado?

Túlio tinha tomado uma atitude firme, mas não estava totalmente certo de sua decisão. Ele não gostava da ideia de ser injusto, afinal de contas. Haveria uma remota chance de Bruna ter dito a verdade?

Em seu horário de almoço, resolveu ligar para Cleide. A mãe de sua amiga costumava ser um porto seguro, desde que era pequeno, e imaginou que ela saberia orientá-lo naquela situação.

Combinaram que ele iria visitá-la no final da tarde, que não demorou a chegar.

– Que alegria revê-lo, meu querido!

– Oi, tia Cleide! Obrigada por me receber.

– Vamos deixar de formalidades, sim? Dê um abraço e vamos entrar...

– Tia, estou numa dúvida muito séria.

– Vamos sentar na varanda? Ou prefere na sala?

– Na varanda está bom. Tia, a senhora lembra da Bruna?

Cleide percebeu a ansiedade na fala de Túlio.

– Sua ex-namorada.

– Ela mesma. Eu não preciso repetir tudo o que passei naquela época...

– Vá em frente.

– Bem, por uma necessidade da empresa, estamos trabalhando juntos. Até outro dia, ela trabalhava em outro andar e praticamente não nos víamos. Agora, ela tem uma mesa ao lado da minha sala, pois virou minha assistente durante um mês.

– Sei...

– Ela parece um pouco diferente. Está usando roupas mais comportadas, disse que mudou. Eu tenho tentado manter distância, o Rogério me sugeriu ser o mais profissional possível, afinal, é só por um mês...

– A Bruna ainda mexe com você...

– É. Não posso negar. Eu sinto muita raiva de tudo o que ela fez. Mas também acho a Bruna bonita, atraente, inteligente, ousada. Só que o caso que me trouxe até a senhora é mais sério. Ela jura que mudou e, hoje, veio pedir-me dinheiro. Disse que negociou uma dívida, precisava pagar uma parcela e que o vale que a empresa deu não cobria o valor. Eu fiquei nervoso, disse que ela era mentirosa, mas ela falou que a tia está doente e que tem tido gastos com medicamentos. Bom... na hora, eu não acreditei, disse que não era otário e mandei ela sair. Mas... e se for verdade? E se a tia Maria estiver mesmo precisando?

– Ah, Túlio! Sempre preocupado com as outras pessoas...

– Que é que eu faço, tia?

– O que o seu coração diz para você fazer?

– Minha cabeça está confusa...

– Perguntei o que o seu *coração* quer fazer, não a cabeça.

A pergunta fora inspirada por Lua Vermelha...

Túlio demorou para responder.

– Eu não quero prejudicar ninguém, especialmente a tia Maria. Mas não posso deixar de pensar que a Bruna está armando, depois de tudo o que ela já fez! Sabe que, quando ela foi indicada para ser minha assistente-substituta, ela me enviou um monte de fotos sensuais dela por *e-mail*? Não sei se ela mudou tanto, assim... Ela sempre me manipulava dessa forma, prometendo ou negando sexo. Até que eu percebi, e o joguinho perdeu a graça.

– Bem, as pessoas não costumam mudar rápido, não mudam totalmente de uma hora para outra. Ela teve uma conduta, no relacionamento com você, que não foi a melhor possível. Deixou sequelas. Mas não quer dizer que não esteja pensando e agindo diferente em outros assuntos, como na profissão, nem que a tia seja só um pretexto para fazer você de otário...

– É tão difícil de acreditar!...

– Acredito que você deve seguir seu coração. Se fizer o que seu coração realmente quer, não vai se preocupar em ser chamado de 'otário'. Se você dispõe do dinheiro e quer ofertá-lo, ora, é apenas dinheiro!! O que importa nesse caso não é o destino que ela vai lhe dar, mas como você vai se sentir.

– Mas... e tudo o que ela fez?

– Um dia, talvez, vocês reavaliem tudo o que houve e você vai passar a dar um outro peso a tudo aquilo. É horrível sentir-se enganado, é dolorido deixar de confiar em alguém, especialmente em alguém próximo, o ser amado...

– A senhora acha que eu gosto dela, ainda?

– O que você acha?

Túlio não respondeu.

– Meu querido, hoje é dia de reunião mediúnica no GEUB. Eu vou levar o seu caso e pedir orientação da espiritualidade. Não posso garantir que eles respondam com uma mensagem, mas, certamente, irão ajudá-lo com boas inspirações. O que acha?

– Eu acho muito bom!

– Então, perto das oito e quinze, faça uma prece e pense em nós. Peça ajuda, sinceramente. E vamos ver o que acontece.

– Obrigada, tia. Eu vou indo, então...

– Vá em paz. Confie em Deus.

Cleide levou o rapaz até o portão. Ele beijou-lhe a mão, o que a deixou levemente constrangida, e foi-se embora com o coração apaziguado.

Na manhã seguinte, depois de uma noite bem dormida, Túlio estava decidido: ia entrar no escritório e dizer a Bruna que a ajudaria. Não, ele não queria ouvir mais nenhuma palavra sobre o assunto, ele não queria saber se era verdade ou mentira. Só queria ajudar a tia Maria e preferia pensar que era o caso. Se passasse por sua mente que se tratava de um daqueles arroubos consumistas que faziam Bruna comprar cinco pares de sapatos após passar menos de meia hora dentro de um *shopping*, ele afastaria esse pensamento com um pontapé!

Entrou no prédio cumprimentando os porteiros e o ascensorista. Estava satisfeito com a solução encontrada e estava grato a tia Cleide por ajudá-lo a enxergar melhor as coisas. Será que os espíritos tinham mandado alguma orientação específica para ele, na reunião da noite anterior? Ele tinha feito a prece no horário solicitado, com muita fé. A primeira coisa que faria seria ligar e perguntar.

Quando chegou à antessala onde várias assistentes dividiam espaço, notou que somente Bruna já estava em sua mesa. "Ponto pra ela!" – pensou. "Gosto de pessoas pontuais e dedicadas ao trabalho."

A cadeira onde ela se sentava, no entanto, ficava de costas para a entrada, de forma que ela não o viu e continuou digitando o que quer que estivesse digitando. Túlio aproximou-se devagar e, aos poucos, seu entusiasmo foi arrefecendo. Chegando mais perto, notou que ela estava numa conversa *online*, o que não seria nada demais, pois oficialmente o horário de trabalho começaria somente dali a dez minutos.

O que o deixou realmente chocado foi ver que ela estava teclando com seu *nickname* 'Princesinha' e que conversava com ninguém menos que... o Super7!?

O Super7!! Isso mesmo!! O cara com quem ela fazia sexo virtual.

Túlio sentiu como se perdesse o chão. A raiva o cegou e ele passou reto pela mesa da assistente sem dirigir-lhe nenhuma palavra. Seus bons pensamentos foram fulminados e ele só reviu as cenas passadas, onde era descaradamente enganado e traído pela única mulher com quem já tinha dividido um teto em toda sua vida. A mulher que ele tinha recebido em sua casa de portas e coração abertos...

À época, ela alegara que aquilo não era traição, que era apenas um amigo virtual, que nunca o havia encontrado pessoalmente. Falar sacanagens na *internet* era algo que todo mundo fazia, não significava nada, segundo Bruna. Túlio, no entanto, sentia-se ferido pela atitude dela. Tinham uma vida juntos, tinham quase um casamento, naquela época. Como ela podia falar de intimidades, ter sexo virtual, excitar-se com outra pessoa que não ele, o homem que a amava e com quem dividia sua cama?

Interrompendo o *flashback*, o jovem advogado imaginou que, se começasse a trabalhar, logo estas sombras do passado fugiriam como fantasmas, mas realmente levou muito, muito tempo mesmo, para conseguir concentrar-se em qualquer coisa.

Chamou-lhe a atenção o volume d'*O evangelho segundo o espiritismo* sob umas pastas. Diziam que o espiritismo era uma doutrina consoladora e ele pensou que, se havia um momento em que precisava de consolação, certamente era aquele. Fez como Cleide costumava fazer: fechou os olhos e disse uma prece. Não uma prece poética e tocante como a que ela dizia, mas um apelo simples e direto a uma potência espiritual do bem que lhe pudesse dar uma resposta.

Quando abriu o livro, o trecho sobre o qual seus olhos pousaram foi:[10]

> Ainda outros motivos tem o espírita para ser indulgente com os seus inimigos. Sabe ele, primeiramente, que a maldade não é um estado permanente dos homens; que ela decorre de uma imperfeição temporária e que, assim como a criança se corrige dos seus defeitos, o homem mau reconhecerá um dia os seus erros e se tornará bom.

---

[10] KARDEC, A. *O evangelho segundo o espiritismo*. Rio de Janeiro: Feb, 2002, p.249. Disponível em <http:// http://www.febnet.org.br/file/1/26.pdf>.

O livro o convidava a ser indulgente. Indulgente? Indulgência significava tolerância, benevolência, perdão. Seria ele capaz disso?

Enquanto aquilo tudo acontecia na terça-feira de Túlio, a terça-feira de Marjorie era o dia em que ela dava mais aulas, seu dia mais atarefado da semana. Mas estava cansada por não dormir direito há várias noites, distraída, aérea, não queria conversar, não queria nada, senão chorar. Os alunos e colegas perceberam que ela se esforçava muito para cumprir suas metas programáticas e, por alguma razão desconhecida, pareciam bem compreensivos.

Na sala dos professores, abrindo seus *e-mails*, encontrou um de Marcelo:

> Oi, lindaaaaa!
>
> Ando atrás de você. Não entra mais no MSN e nem atende telefone. Eu sei por quê. E sei que deve estar querendo conversar.
>
> Eu estou na faculdade agora, mas depois vou pra casa. O dr Miller me proibiu de fazer atividade física até terminar de realizar os exames, então vou estar em casa.
>
> Ainda, sem celular.
>
> Vem direto do trabalho. Vamos pedir uma pizza.
>
> Vem mesmo, tá? Estou esperando e também preciso de companhia.
>
> Beijos,
>
> Marcelo

Era uma boa ideia. Queria mesmo visitar Marcelo, ver com seus olhos se estava bem. Andava sem rumo, sem saber o que fazer, agora que tinha perdido o namorado que era o principal foco de sua vida. Tinha Dena e Annie como amigas, mas não se sentia à vontade para procurá-las só para falar de seus problemas, sua dor, sua frustração.

Tinha chorado muito, não havia sido fácil colocar Assunta a par dos acontecimentos, porque tinha que revisitar a cena e a última conversa com Rogério, a qual algumas vezes parecia nem ter ocorrido. E não queria contar a história novamente a outra pessoa.

Aquele que ela viu naquele dia não era Rogério. Ao menos, não era o Rogério que ela conhecia. Os seus olhos estavam diferentes, havia muita mágoa e muita raiva neles. Ela nunca tinha percebido a raiva surgir em seus olhos, e era uma visão terrível!

Por que ela não tinha conseguido se explicar? Por que não tinha dito tudo o que estava em seu coração e contado exatamente a sequência de acontecimentos que conduziram ao beijo em Marcelo, naquela noite? Não sabia e, mesmo que descobrisse, de que adiantaria? Dificilmente a situação poderia ser revertida.

Eulália era amiga de Assunta há pouco tempo, mas pareciam conhecer-se há pelo menos trinta anos. Eulália também participava, como coordenadora dos estudos doutrinários, do GEUB, casa espírita que Assunta passou a frequentar quando se mudou de Pederneiras para a capital, em 2003, por indicação da filha. As duas amigas costumavam falar ao telefone semanalmente, quando não era possível visitarem uma a outra.

Quando Marjorie se formou em biologia e conseguiu um emprego num colégio particular em São Paulo, Assunta e o marido Geraldo, que já era aposentado, decidiram trazer o conforto de um lar para a filha, que tinha alugado uma quitinete e estava tendo despesas muito altas para se manter. Entenderam que nada os prendia à cidade de origem e que seria bom oferecer um suporte para Marjorie e, ao mesmo tempo, podiam estar mais próximos dela.

– *Estou preocupada com a Marjorie* – comentou Assunta. – *Há uma semana ela parece um 'zumbi' andando dentro de casa. Não está se alimentando bem e está com uma aparência péssima.*

– Ela sofreu um golpe duro, minha querida. Você precisa ter paciência.

– Não sei, não. Ela brigou com ele justamente no dia seguinte àquele em que eu disse que achava que o casamento não ia sair tão já...

– Como? Conte para mim.

– Ela estava sempre animada, falando de casamento, comprando enxoval. E eu não via o Rogério animado da mesma maneira. Então, resolvi falar. Acho que acendi o pavio da dinamite e ela explodiu na briga entre os dois.

Assunta começou a soluçar do outro lado da linha.

– Acalme-se, amiga.

– Ela gosta muito dele, apostou anos e anos da própria vida nesse namoro. Sinto-me muito mal...

– Eu não consigo ver, aí, alguma razão para culpar a si mesma. Foi por esse motivo que eles brigaram?

– Não, exatamente. A Marjorie foi a uma festa e acabou beijando outro rapaz. O amigo do Rogério viu e contou a ele. Então, ele veio aqui e terminou tudo.

– Pronto! Como você pode achar que foi você a culpada?

– Eu coloquei ideias na cabeça dela. Ela estava tão feliz com as compras que tinha feito!... Por que é que eu tinha que me intrometer?

– Às vezes eu acho que você trata sua filha como uma 'sonsa'. Parece que você quer controlar, ou que pensa que controla, a vida dela. Desculpe falar isso, mas nossa amizade me permite ser franca com você...

– Vá em frente...

– A Marjorie é uma moça inteligente, sabe cuidar d[illegible]ão sabe, está mais que na hora de aprender. Às vezes, [illegible] que você se preocupa mais com ela do que consigo mesma. E como se sua filha fosse o centro da sua vida, e não você.

– Mas... eu sou mãe. Ela é minha única filha. E os filhos são tudo para as mães.

– Isso não é bom, Assunta. Nem para você, nem para ela. Sei que parece conversa de autoajuda, mas você precisa estar bem com você, para ter o que oferecer aos filhos. Sua filha não pode ser o preenchimento do buraco da sua vida vazia!

– Desde quando minha vida é vazia?

– Bem... Quando conversamos, você só fala dela. Do que ela fez, do aumento de salário que ela conseguiu, da viagem que ela marcou... Conte algo de você, amiga. O que vai fazer de bom, amanhã? Vai passear no fim-de-semana?

– *Bem... Eu...*

– Não quero ser rude, mas você precisa ver o que está fazendo com você. Você foi educada para ser esposa e mãe. E parece que acha que sua filha tem que seguir os seus passos. E se ela não se casar? E se ela for mais feliz solteira? Você pode mesmo saber o que é melhor para ela?

– *Eles sempre foram tão apaixonados!...*

– Nem todos os apaixonados são felizes para sempre. Casamento é um passo sério. Muita coisa acontece nos relacionamentos...

– *O que você sugere?*

– Dê mais espaço para ela. Apoio afetivo é diferente de intrometer-se e querer dizer o que é melhor para a outra pessoa. Se não sabemos nem o que é bom para nós mesmos, então, como vamos querer saber o que é bom para os outros?

– *Acho que tem razão. Vou ficar mais quieta. Dar mais espaço para a Marjorie perceber por si mesma o que é melhor para ela.*

– Assim é que se fala! Dedique-se mais ao seu marido, o Geraldo vai gostar de ter atenção *extra* – concluiu Eulália, rindo. – Bem, mudando de assunto, teremos um bazar no centro, na semana que antecede o dia das mães. Você não quer fazer umas caixinhas, daquelas com *dècoupage*? Você relaciona o material e nós fornecemos.

Eulália sabia que o artesanato era uma das atividades prediletas da amiga e que ela adoraria ter uma desculpa para deixar o serviço doméstico de lado, enquanto se dedicava a uma boa causa e, ainda por cima, fazia algo criativo de que tanto gostava. Combinaram tudo e se despediram em seguida, ficando Assunta muito pensativa.

Marjorie chegou ao prédio de Marcelo por volta das vinte horas e tinha ido direto do trabalho para lá. Ao entrar no elevador, aproveitou o espelho para ajeitar os cabelos e viu que sua fisionomia parecia abatida e cansada. Passou *gloss* nos lábios, tentando parecer mais animada e, assim que as portas se abriram, ela se dirigiu ao apartamento de Marcelo.

– Oi, gata! Entra!

Beijaram-se no rosto e Marjorie colocou sua bolsa sobre o aparador do outro lado da sala.

– Você parece bem – disse a moça, sorrindo.

– E estou. O médico está exagerando nos cuidados. Eu farei o exame na segunda que vem e você vai ver como ele vai me liberar para tudo o que gosto de fazer! Mas, fale de você!

– Estou tocando minha vida. Não está fácil. Não paro de pensar em tudo aquilo...

– O Rogério não podia ter sido tão radical. Ele devia pelo menos ouvir o seu lado!

– É... Eu estive pensando, sabe? Penso que o Túlio é que foi o grande responsável por essa situação chegar a esse ponto.

– O Túlio?

– Primeiro, ele não tinha nada que ir bater pro Rogério o que ele tinha visto. Seria mais ético da parte dele me procurar. Segundo, ele sempre teve inveja do Rogério e de mim. Ele sempre achou que nosso namoro era uma espécie de 'modelo a ser seguido'. Só que as coisas com a Bruna e ele foram um desastre, ele sofreu demais. Ele não suportava ver a nossa felicidade e aproveitou a ocasião para envenenar a cabeça do melhor amigo contra mim.

– Marj, será que você não está indo longe demais? Afinal, de que adianta pensar tudo isso agora?

– Eu queria falar com ele!

– Calma, gata! Espere enquanto vou pegar chá gelado pra nós.

Marcelo foi à geladeira, voltou, sentou-se no sofá, entregou um copo alto, cheio até a borda, a Marjorie e olhou-a nos olhos.

– Menina, preste atenção. Você é minha deusa e minha perdição, mas não posso concordar com tudo o que você fala. Ah! E não foi culpa do Túlio. Não foi culpa de ninguém, ok?

– Mas...

– O beijo rolou porque nós dois quisemos. E achamos bom, eu sei muito bem disso. Senti uma química muito forte entre nós.

Marcelo disse isso olhando no fundo dos olhos de Marjorie, que teve a impressão de que seus pensamentos fugiam e suas pernas amoleciam.

– Você deve estar certo... Preciso confessar uma coisa.

– O quê?

– Eu sempre gostei da forma como você escreve "beijos" nos *e-mails*, em vez de "bj". Sempre usei "bj" na comunicação com amigos e até com o Rogério. Mas assim, abreviada, parece uma simples saudação protocolar, ao lado da sua. Quando você escreve "beijos", com todas as letras e ainda no plural... Bem... Sempre me deu a impressão de que, ou você gostava muito de beijar, ou você beijava muito bem. Agora eu sei que as duas coisas são verdadeiras.

O segundo beijo tórrido não demorou, iniciando uma noite romântica que se transferiu para o quarto de Marcelo. No lugar da *pizza*, houve música, chocolate e morangos. Às seis da manhã, Marjorie levantou-se, tomou banho, despediu-se e saiu fazendo o menor ruído que conseguiu. O restante da família Gatto que estava em casa aparentemente não notou.

– Rogério?! É a Dena! Está ocupado?

– Não, ainda. Acabei de chegar ao escritório.

– Lembra que falamos sobre almoçar juntos um dia desses? Bem... Não sei como está seu dia, se tem compromissos...

– Imagine! Será perfeito, se você quiser. Só que temos que almoçar aqui por perto. Sem problema?

– Sem problema!

– Conheço um vegetariano ótimo, você vai gostar...

Quando Dena desligou, Annie sorriu. Ambas estavam sentadas num banco da faculdade durante uma aula vaga.

– Você vai mesmo arriscar sua chance com ele? – perguntou Annie.

– Claro! Por que não?

– Vá devagar, sim?

– Eu *sou* devagar, esqueceu? Não estou agindo sem pensar. Além disso, é uma grande oportunidade para eu tirar uma prova.

– Que prova?

– Se o Rogério valeu todos esses anos de paixão platônica. Se eu não fizer isso, irei passar o restante da minha vida lamentando pelo que não arrisquei!!

– Você já pensou até onde irá, nesse encontro?

– Imagino que não vamos transar, se é isso que quer saber. Ele vai estar no meio de um dia de trabalho, com outras preocupações em mente. Eu só quero estar com ele, ser um ombro amigo, oferecer meu carinho e... Ora, ora, eu só vou flertar um pouco! Se ele aceitar o meu jogo, eu vou me tornar mais ousada, mas não penso em levá-lo para o motel agora.

– As pessoas, hoje em dia, vão para a cama muito depressa – comentou a amiga.

– Concordo. E só depois é que vão pensar naquilo que fizeram. Você sabe que não sei ser assim. – concluiu Dena.

– É, mas a paixão é um terreno perigoso...!

– Eu não vou perder a cabeça. Se eu aguentei todo esse tempo, acha que não posso esperar mais alguns dias?

– Dena... O que sua mãe está achando disso?

– Ela não sabe de nada.

– Não?! Mas você sempre conversou sobre tudo com a Cleide!...

– Desta vez, quero fazer diferente...

– Ou tem medo de que ela não aprecie a ideia, ou que ela queira encher você de conselhos...

– Isso também! Se eu for mesmo para a França, vou ter que saber contar comigo mesma. Não vou ter minha mãe por perto pra cada probleminha que surgir.

– Não se esqueça, faz pouco mais de uma semana que ele e Marjorie brigaram. Podem reatar a qualquer momento.

– Você já disse isso! Eu vou procurar sentir bem o terreno, antes de pisar nele com os dois pés. Sossegue, amiga.

Ao abrir seus *e-mails*, Túlio notou que um deles era de Cleide, que habitualmente não lhe escreve, e então resolveu abri-lo primeiro. Para sua surpresa, Cleide transcreveu a mensagem recebida por Percy, um dos médiuns do grupo da segunda-feira, que ele não conhece e que também não o conhece:

O remédio dos remédios

Caro companheiro, seu pedido de ajuda foi ouvido por nós, seus amigos espirituais, que queremos dirigir-lhe algumas palavras de alento.

Sabemos que não têm sido fáceis os últimos seis dias. Entendemos as dúvidas excruciantes que o vêm atormentando e gostaríamos de pedir que adotasse o remédio dos remédios: o perdão.

Nosso coração é o primeiro a se ferir com as farpas do ressentimento e da revolta. O perdão é o grande bálsamo de todas as feridas e deve ser usado em doses fartas para resultado imediato. Assim que experimentar o seu sabor dulcificante, começará a usufruir seus amplos benefícios.

Não confie tanto nas aparências, pois elas podem ser enganadoras, conduzindo a atitudes infelizes. Aguarde e ore por esclarecimento, pois este virá no momento adequado, respeitando as leis da vida que nos incitam ao progresso. Que o "Evangelho" seja seu companheiro e livro de cabeceira.

Diógenes Lua Vermelha. (Médium: Percy - GEUB)

Abaixo, havia também palavras de Cleide:

Querido Túlio, que seu coração esteja sereno. As palavras do amigo espiritual devem aliviar seus conflitos. Espero que tenha resolvido o assunto sobre o qual conversamos e que esteja em paz com a decisão tomada.

Sabe que pode sempre procurar-me ou ao GEUB, não só por necessidade, mas para aproximar-se das lições do Mestre Jesus que nos sustentam em momentos espinhosos da existência.

Estou aqui todas as vezes que quiser conversar.

Beijo,

Tia Cleide

Túlio não sabia o que pensar. Como podia perdoar uma mulher que, primeiro, dizia ter mudado e, depois, era vista agindo exatamente como antes, teclando sacanagem na *internet*?! Será que aquelas palavras eram mesmo para ele? Chegava a duvidar.

Depois, relendo o texto, observou que ele realmente já estava sofrendo com aquele problema há seis dias, quando foi procurar Cleide... E que as palavras de Diógenes Lua Vermelha pareciam confirmar o trecho do *Evangelho* que havia lido. Ele sabia que podia acreditar em Cleide e que o grupo era muito sério. Mas aquele conselho sobre o perdão não parecia encaixar-se na situação, da maneira como ele a estava vendo. Pediu a Deus que esclarecesse suas inquietações e continuou lendo e respondendo mensagens de sua caixa de entrada.

Momentos depois, Bruna bateu e entrou. Parecia ter recebido uma 'carga extra' de eletricidade.

– Bom dia, chefe!

– Bom dia.

– Doutor Cerqueira já enviou as alterações que deseja para o contrato com os chineses. Pediu para você ver se ferem a lei brasileira ou não. A Marta do "contas a pagar" faz aniversário hoje e o pessoal comprou bolo. Vamos festejar no final do expediente...

– Certo. Por favor, traga um *expresso*, preciso acordar... – disse Túlio, como se saísse de um transe.

– Eu estava pensando... – continuou Bruna, como se não tivesse ouvido. – Devíamos aproveitar esta chance que estamos tendo para relembrar coisas boas de velhos tempos. Ou para fazer coisas novas, para serem lembradas...

– Do que está falando?

– Você sabe!

– Não, não sei!! Do que você está falando?

Bruna aproximou-se e sentou sobre a mesa, cruzando suas pernas a menos de trinta centímetros do rosto de Túlio. Vestia uma saia preta de comprimento pouco acima dos joelhos e um *blaser* cinza chumbo com riscas-de-giz, bastante comportado. Os cabelos louros, presos por uma tiara metálica, caíam para trás, perfumados. Mas sua atitude destoava de sua imagem profissional.

– O escritório está praticamente vazio a essa hora e ninguém incomoda você pela manhã. Eu podia ajudá-lo a criar umas boas lembranças... neste escritório... em cima desta mesa...

Bruna disse isso aproximando seu rosto e inclinando-se para Túlio de forma provocante. Arrancou a tiara, desabotou o botão do *blaser* e revelou a renda do sutiã vermelho, que Túlio não pôde evitar de olhar.

– Eu não quero ser só sua assistente. Isso é um tédio! Que tal eu ser sua escrava sexual? Não me incomoda nem um pouco se tiver que entrar aqui, ajoelhar diante da sua cadeira, entregar seus papéis numa bandeja, beijar seus pés, massagear suas pernas, lamber o seu...

– Espere!!

– O quê?! – disse Bruna, com a voz lenta e sensual. – Você sabe que somos compatíveis e que rola um clima entre nós. Por que negar o óbvio?

– Seria loucura, Bruna! – disse o rapaz secamente, lutando para manter o controle. No mesmo momento, lembrou-se da fala de Rogério: "A gente não precisa fazer loucuras para aproveitar o bom da vida".

Bruna distanciou os joelhos e falou, quase gemendo:

– Ora, vamos lá! Pelos velhos tempos... Nós nunca tivemos uma 'saideira' de verdade...

Naquele momento, ouviram-se batidas na porta:

– Quem é? – perguntou Túlio.

– Doutor!? Posso entrar!?

– Um momento!

Bruna se recompôs, abotoando a roupa e ajeitando os cabelos, pondo-se em pé enquanto Túlio endireitou-se na cadeira.

– Entre!

– Bom dia, doutor! – Era Américo, o advogado da sala ao lado. – Gostaria de sua opinião sobre uma questão tributária. Pode ser agora?

– Claro!! Bruna, por favor, traga o meu café. Continuamos nosso assunto mais tarde...

Américo olhou para Túlio como se tivesse percebido o que acontecia, antes de haver entrado. Túlio preocupou-se com o que ele pudesse pensar, afinal, Américo não era exatamente um cara leal e Túlio sabia que o colega sentia em relação a ele alguma inveja profissional.

Mais tarde, a tensão toda da manhã levou o jovem advogado a fazer seu horário de almoço mais cedo, apesar da falta de apetite, pois sentia-se acuado por Bruna – e agora, também por Américo – enquanto permanecia no escritório.

Passando em frente ao sebo, olhou os exemplares expostos na vitrine e percebeu que Georgiana estava desocupada naquele momento, o que fê-lo entrar a fim de ter uma conversa que arejasse seus pensamentos.

– Olá, doutor. Chegou muita coisa interessante anteontem e ontem. Muitos volumes ainda nem foram para as prateleiras. Gostaria de ver se tem algo que lhe interessa?

– Sim, claro. Mas se gastar todo meu salário aqui, por mais que isso me desse prazer, acabaria também me levando à falência!

Georgiana riu e saiu de sua cadeira atrás do balcão do caixa.

– Ora! Mas a ideia do sebo, além de cultivar o gosto por livros antigos e raros, é justamente economizar comprando material de segunda mão.

– Não, se virar mania, o que está quase acontecendo comigo! – Túlio riu, mas continuou seguindo a atendente do sebo.

Um livro chamou a atenção do rapaz na estante de livros espíritas: *Justiça divina*, de Emmanuel, psicografado por Chico Xavier. O livro abriu-se praticamente sozinho quando ele o retirou da estante, numa mensagem intitulada "Doenças da Alma",[11] da qual ele leu a primeira frase:

> Na forja moral da luta em que temperas o caráter e purificas o sentimento, é possível acredites estejas sempre no trato de pessoas normais, simplesmente porque se mostrem com a ficha da sanidade física.

Estacado no meio do corredor, Túlio seguiu com interesse o teor da mensagem, até chegar ao último parágrafo:

> E mesmo que te vejas na obrigação de corrigir alguém – pelas reações dolorosas das doenças da alma que ainda trazemos –, compadece-te mil vezes antes de examinar uma só.

[11] Rio de Janeiro: FEB, 1987, pp. 113-114.

O rapaz não quis saber de mais nada. Perguntou o preço do livro, pagou e saiu pela rua relendo, e relendo novamente, para tentar extrair mais algum entendimento antes de se entregar às suas próprias considerações.

Pela primeira vez, um verdadeiro *insight* a respeito da situação de Bruna vinha esclarecer seus atos e, ao mesmo tempo, dar sentido à comunicação de Diógenes Lua Vermelha psicografada por Percy. Bruna era uma doente da alma, precisava de compreensão e... tratamento!

BEM-AVENTURADOS OS QUE CHO-RAM, POIS QUE SERÃO CONSOLADOS

Mt 5,4

Bruna estava confusa. O que é que ela tinha aprontado? Por que é que ela fazia as coisas daquele jeito esquisito, impulsivo?

Estava quase se considerando um caso psiquiátrico. Abriu a janela do *Google* e digitou a palavra 'compulsão'. Era isso que ela era: compulsiva. Ao menos, era a conclusão a que tinha chegado.

Embora conseguisse ser racional, entender maneiras melhores de agir, muitas vezes tinha extrema dificuldade em agir dessas maneiras melhores.

Resolveu pegar o livrinho do convênio de saúde da empresa, ver se tinha algum psiquiatra com que ela pudesse marcar um horário. Era uma dúvida que ela tinha de tirar da cabeça ou, então, resolver de vez!

Estava arrependida de sua atitude no escritório de Túlio, sabia que assim o afastava cada vez mais. E tinha quase certeza de que os sentimentos que tinha por ele eram fortes e que não suportaria o afastamento que ela mesma estava provocando.

– Que estranho, Diógenes! – observou Túlio. – Não parecia você. Não pareciam suas palavras naquela mensagem para Túlio.

– É mesmo. Mas as ideias foram transmitidas exatamente como as pensei. Foi a linguagem que você estranhou, não é mesmo?

– Foi. Por quê?

– É que, às vezes, o médium veste nossas ideias com a sua linguagem. Por isso, comunicações mediúnicas de um mesmo espírito por médiuns diferentes podem, eventualmente, trazer formas de expressão um pouco diferentes, mas é importante que a essência do pensamento seja reconhecida como pertencente àquela entidade espiritual. A essência da ideia deve ser comunicada fielmente. O tema era o perdão, e a ideia de perdão como remédio ficou perfeitamente clara.

Lua Vermelha, a seu turno, vinha aprendendo, a duras penas, o valor do perdão. Mas reconhecia que ainda não merecia o diploma do curso.

Seu passado como feiticeiro *sioux* estava estreitamente ligado ao passado de seu povo, e eram tempos de tanta dor, tanta tragédia e tantas mortes difíceis de superar, que ele era amplamente capaz de entender o desafio que o perdão representa para qualquer criatura. Era esse seu desafio atual mais difícil...

Revisando os fatos, Lua Vermelha lembrou-se do ano de 1851, quando *sioux*, *cheyennes*, *arapahos*, *crows* e outras tribos se encontraram em forte Laramie (no atual estado de Wyoming) com representantes do governo dos Estados Unidos. Ali, os índios assinaram um primeiro tratado com o homem branco, onde concordavam com a instalação de postos militares e com a construção de estradas atravessando seu território.

Deveria ser um acordo de amizade, considerado com respeito e boa-vontade por seus participantes. Ali não estava prevista nenhuma cessão de direito ou posse sobre nenhuma parcela do território índio para os brancos, nem os direitos de caça, pesca ou passagem eram cedidos aos brancos.

As estradas, porém, trouxeram os comboios, os carroções e os colonos. Depois chegaram as diligências e mais fortes militares. A ocupação gerou consequências nefastas, como as doenças do branco contaminando os índios e o hábito do consumo das bebidas alcoólicas, cujo abuso se tornou um problema novo que atingiu muitas aldeias.

No ano de 1862, um fato novo veio transformar novamente as relações entre os índios e os brancos: a descoberta do ouro nas montanhas Rochosas, em Montana. Poucos dias depois, mais de cem mil mineiros chegaram para garimpar às margens do riacho Gold Creek, próximo a Salt Lake City. Para abastecê-los de suprimentos, foi criada uma rota – a rota Bozeman – que passava pelos campos de caça dos *sioux*, *cheyennes* e *arapahos*.

Apesar de Chaleira Preta, chefe dos *cheyenne*, ter concordado em mudar-se pacificamente dali para a reserva indígena de Sand Creek, lá, sua tribo acabou sendo massacrada por tropas do Exército estadunidense comandadas por um general que odiava os índios.

A matança, ocorrida no final de 1864 não tinha nenhum propósito, mas acabou levando os índios à guerra, liderados pelo chefe *sioux* Nuvem Vermelha. A guerra foi marcada por uma série de ataques-surpresa dos índios contra vilas e tropas americanas. Os índios não queriam as estradas, não desejavam a presença dos brancos em seu território, esperavam que o tratado fosse honrado. Como isso não ocorreu, Nuvem Vermelha conduziu essa guerra de guerrilhas, que acabou por fechar a rota Bozeman. Só então, os Estados Unidos se viram obrigados a negociar.

O local escolhido para firmar o novo tratado foi novamente o forte Laramie. As conversações ainda estavam acontecendo, quando Nuvem Vermelha observou uma grande caravana de homens armados chegando, o que o deixou muito irritado. Naquele momento, então, em vez de paz, a guerra foi declarada.

Tempos depois, enfraquecido pela Guerra Civil e sem conseguir vencer os índios, o governo dos Estados Unidos pretendeu mais uma vez promover a paz e convidou Nuvem Vermelha novamente para conversar.

Segundo o acordo assinado em 1868 por eles, a rota Bozeman teria de ser fechada, os índios receberiam um grande território de caça em Dakota do Sul e ocupariam as Black Hills (ou Paha Sapa, um local muito sagrado para os *sioux*). O acordo foi assinado nesses termos. Por meio do segundo Tratado de Laramie, o governo americano se comprometia em não construir estradas, a impedir o povoamento da região de Dakota do Sul que ficava a oeste do rio Missouri e a fazer da região uma gigantesca reserva para os americanos nativos, a Great Sioux Reservation.

Nos anos que se seguiram, porém, a empresa Union Pacific, protegida pelo tratado de paz, construiu ferrovias ligando a costa leste à costa oeste. Seus trilhos atravessavam as pradarias, que sempre tinham sido o *habitat* dos búfalos, animais importantíssimos na vida e na cultura *sioux*. E os passageiros dos trens eram convidados a se divertirem atirando nos animais. A ideia tinha como objetivo reduzir drasticamente a quantidade de alimento para os índios. A matança atingiu proporções tão absurdas, que até o próprio general George Armstrong Custer escreveria em seu diário: "as pradarias converteram-se num grande chiqueiro coberto por ossadas putrefatas de búfalos abatidos".[12]

Esta era uma visão que ainda fazia os olhos de Lua Vermelha verterem lágrimas, mesmo depois de tanto tempo. Isso sem falar que a luta com os brancos tinham ainda representado uma perda pessoal de enorme valor para o feiticeiro.

Dena encontrou Rogério sob a marquise do edifício onde se localizava o seu escritório. O coração palpitava diferente e, como em nenhuma das outras vezes, ela pensava em sua aparência e na impressão que causaria ao rapaz.

– Venha, vamos aproveitar o sinal fechado e atravessar.

Enquanto se desviavam dos pedestres, Dena sentiu a mão de Rogério segurar seu braço de um jeito 'cavalheiro'. Ao atingirem a calçada do outro lado, ela perguntou:

– Para que lado?

– Direita.

[12] ONÇA, 2011.

– Lugar bonito. A comida cheira bem!...

– Vamos pegar a fila do *self-service* ou a lazanha de berinjela acaba antes de tirarmos nossa porção.

Quando se sentaram à mesa, pediram bebidas e começaram a saborear a variedade de grãos, legumes e verduras em seus pratos.

– É tão bom comer sem culpa! – disse Dena, quebrando o silêncio.

– É mesmo. Tempos atrás, fazendo exames de rotina, o médico me assustou com os resultados. Ele disse que meu colesterol estava nas nuvens e precisava fazer algo. Sempre tive costume de comer muita porcaria e muito *fast-food*. Agora, entrei num esquema muito sério de dieta e exercícios. Estou caminhando quatro vezes por semana e também nadando, sempre que posso.

– Você faz bem. Precisamos cuidar do nosso organismo, nosso "patrimônio insubstituível", nosso "templo da alma".

– Mas, fale de você! Como vai?

– Estou bem. Cada vez, mais feliz com o curso que escolhi. Existe uma chance de eu ir estudar na França...

– Mesmo? Sabe que a França é um dos países que mais tenho vontade de conhecer?

– Eu, também. É claro que vou lá para melhorar meu francês e passar boa parte do tempo mergulhada nos livros, mas sei que poderei realizar meu sonho de visitar o Louvre, a Notre-Dame, de passear de barco pelo rio Sena...

– Se você for e se tiver uma cama *extra* no lugar onde morar, convide-me para passar uns tempos! Uma viagem dessas também seria em prol da minha saúde física, emocional e, por que não dizer, mental! Às vezes, penso que vou enlouquecer, de tantas preocupações!

– Como você está? Digo... Se quiser comentar...

– Sobrevivendo. Tenho pensado que nada na vida acontece à toa. Seja qual for o motivo das coisas terem se desenrolado daquela maneira, é preferível haver despertado da ilusão antes do casamento.

– Mas você não esqueceu a Marj...

– Vai levar algum tempo para esquecer tudo o que vivemos. Contudo estou muito certo de que foi melhor assim. A Marjorie é muito insegura, o que a torna controladora. Às vezes, eu não contava coisas para ela justamente porque sabia que era mais um meio de controle que eu lhe dava, como se eu fosse uma marionete e ela dominasse minha vida.

– Isso é terrível. Ninguém aguenta, a não ser que esteja ganhando algo.

– O que quer dizer?

– Que, quando nós insistimos em manter uma relação que não é saudável, é porque encontramos ali alguma compensação, seja ela real ou ilusória; geralmente, é ilusória. Eu não aprendi isso realmente na faculdade, sabe? São coisas em que penso e que parecem coincidir com os estudos espíritas que faço.

Rogério descansou o garfo na borda do prato e mostrou interesse. Denise prosseguiu:

– As pessoas tentam suprir aquilo de que sentem que falta em si mesmas, buscando em outras pessoas. Apoio, compreensão, segurança, e o próprio amor. Então, criam vínculos doentes com seres que, do seu ponto de vista, têm estas coisas para dar. E são capazes de fazer muitas loucuras para manter esse laço, porque imaginam que sua vida vai perder o sentido, se o outro for embora. Esse é um regime que pode durar séculos, pensando em termos de imortalidade e reencarnação. Séculos estacionários em relacionamentos doentios. Mas a consciência das leis divinas leva gradativamente à libertação.

– Você disse que não leu isso em lugar algum? Porque eu me interessei em conhecer esse assunto...

– Sobre imortalidade, reencarnação e laços doentios existe uma vasta literatura! Posso emprestar-lhe algumas obras. Se quiser, você pode ler e depois conversamos sobre suas questões. Que acha?

– Acho ótimo! Acho que podíamos fazer isso metodicamente. Você me empresta os livros, eu leio e marcamos um dia fixo toda semana para sentar e falar sobre os assuntos.

– Mas você não nega que é formado em administração, não é mesmo? – disse Dena, rindo com o pensamento externado e, também, pela perspectiva de encontrar Rogério semanalmente.

– Preciso ocupar-me em coisas positivas e interessantes. E será um prazer estar com você mais frequentemente!

Dena enxergou uma luz iluminando o caminho que levava seu coração ao de Rogério.

Cleide telefonou para a casa de Marcelo assim que se desincumbiu de seus afazeres da casa. Perguntou se poderia ir vê-lo, pelo que ele agradeceu, pensando que as notícias sobre seu estado de saúde andassem sendo exageradas. "Até a tia Cleide vem me ver?", pensou, alegre com a visita.

Há tempos ele sabia que precisava se cuidar. Já tinha conversado com o doutor Miller, médico da família, uma outra vez. Este havia sugerido procurar um cardiologista, mas ele vinha protelando o quanto podia.

Aquele susto poderia ser um aviso. Mas também podia não ser nada. E ele preferia pensar assim. De qualquer maneira, seria bom ver a tia Cleide, que tinha um ombro tão receptivo e um colo tão macio...

– Oi, tia Cleide! Fiquei muito contente quando a senhora disse que vinha. Mas espero que não seja por estar preocupada com a minha saúde, porque eu estou legal. Meu exame de amanhã vai confirmar isso.

Abraçando Marcelo, Cleide pensou em como ele era especial, um garoto como poucos.

– O que me traz aqui é outro motivo.

Marcelo ficou sério, de repente. Cleide sentou-se na poltrona ao lado dele e olhou diretamente em seus olhos:

– Você sabe que eu participo das reuniões mediúnicas do GEUB. Não sei o que pensa sobre espiritismo ou mediunidade, mas, pelo que me lembro, você nunca rejeitou nenhum destes conceitos.

– Claro que não, tia! E a senhora já me deu provas de que o espiritismo ajuda a melhorar as pessoas, a começar pela pessoa maravilhosa que a senhora é...

Cleide sorriu, constrangida:

– Aconteceu uma coisa que não é muito comum. Segunda-feira, uma comunicação foi psicografada para um destinatário que nem estava presente e nem havia pedido auxílio espiritual. Você.

– Como, assim?

– Isso mesmo que você ouviu. Bem, eu tenho um compromisso e uma responsabilidade diante do grupo e dos espíritos orientadores da reunião. E creio que você deve mesmo saber do que se trata, pois me parece pertinente, e creio que corresponda a uma necessidade que os amigos espirituais estão identificando, no seu caso.

– Que caso?

– Eles não me dão detalhes. Mas aqui está – disse Cleide, tirando um punhado de folhas de sulfite escritas à mão de sua bolsa. – Leia. Se achar difícil de entender a letra, pergunte-me e eu ajudo.

Marcelo tomou as folhas em suas mãos com respeito e, ao mesmo tempo, sem nada entender. E leu com facilidade o seu teor:

Querido amigo Marcelo:

É uma enorme alegria poder fazer contato com você novamente. Tudo foi muito rápido, durante o seu desmaio. E você às vezes sonha comigo, porém nem sempre se recorda.

Mas duvido de que tenha se esquecido de mim. Eu disse que tudo terminaria bem e estou seguro em afirmar que assim será. Só que ainda não terminou.

Você precisa estar preparado para ouvir coisas de que não gostará e contra as quais, provavelmente, lutará com todas as suas forças! Mas não deve desanimar. Precisa confiar num plano maior se desenvolvendo em nossas vidas, mesmo que tudo pareça fruto do acaso ou de causas imponderáveis.

Conte com minha amizade, com a proteção dos amigos espirituais e, sobretudo, do Pai Maior, que jamais esquece nem mesmo a mais ínfima de todas as criaturas.

Alex, Lobo Saltador.

Marcelo sentiu seu coração aquecido e sua mente acalmada. Recordou-se imediatamente da sensação causada pela presença do amigo que o socorreu em sua breve visita ao mundo dos contatos espirituais, durante o desmaio.

Agradeceu a Cleide e beijou-a no rosto.

– Eu o vi, quando desmaiei. Ele disse que tudo terminaria bem.

– O bem pode não ser aquilo que conseguimos perceber superficialmente. Mas não devemos deixar que nossa fé no melhor se abale. Você sabe que pode me chamar a qualquer momento, não sabe?

– Sei.

– Levarei seu nome ao Grupo e incluirei você nas nossas vibrações.

– Nem sei o que dizer. A senhora é um anjo!

– Eu não estou entendendo, Diógenes. O Rogério e a Marjorie parecem cada vez mais distantes. Eles pareciam perfeitos um para o outro!

– Alex, olhe mais fundo, enxergue mais longe. Não existem seres inevitavelmente fadados a se unirem no mundo da matéria ou na espiritualidade. Os laços são formados e sustentados pelos afetos. E nenhum coração é obrigado ou proibido de ligar-se a qualquer outro. O problema é que, nem sempre, é o coração quem escolhe...

– Não entendi.

– Às vezes, quem escolhe são as emoções inferiores e seu acervo de dependências psicológicas. Às vezes, são os interesses imediatos da matéria ou a pura atração física.

– Puxa! Parece que deveríamos frequentar uma escola antes de nos envolver afetivamente!

– Não é bem assim. Na realidade, a própria experiência funciona como escola de sentimentos. Somos criaturas cursando a graduação cósmica nas disciplinas da virtude. Aprendemos o que é amar e, também, a intensificar o amor e os efeitos do amor em nossos corações. Este é um processo lento, repleto de incidentes e quedas, mas incontornável para os aspirantes à evolução espiritual.

– Quer dizer que talvez Marjorie termine ficando com Marcelo...

– Por que você insiste na palavra 'terminar'? Já não falamos nisso? Diante da imortalidade, nada nunca termina, apenas se recicla e se renova.

Alex percebeu que era um hábito pensar assim e que ele precisava modificar essa forma de entender.

Buscando renovar ideias, quis ver Marcelo, transmitir-lhe pensamentos positivos e foi até o apartamento do rapaz.

A ideia do infinito o enchia de esperança. Era a mesma sensação do jovem *sioux* perante a noite estrelada, às margens do rio Big Horn. Ele aos poucos tomava consciência de quem era e do que o seu passado representava.

O rio que contornava as pedras corria entre avencas e guaimbés. A água cristalina era gelada, pois brotava do alto do morro e descia rapidamente até a parte mais fechada da floresta.

Os saguis disputavam um pedaço de araçá maduro. Logo ia anoitecer e viriam as corujas, as cobras e a melodia dos sapos seria ouvida por toda a redondeza.

Havia também insetos, dos quais às vezes nos esquecemos, mas que cumprem um importante papel na harmonia da vida natural.

E a floresta era também morada de espíritos diversos. Entre eles, muitos eram índios, mas também havia negros, brancos e seres que, quando encarnados, haviam participado de diversas etnias. Na floresta, essas diferenças não têm a menor importância. À floresta, basta que se possa entendê-la e escolhê-la como um lar. Mas, então, é preciso merecer essa opção.

O merecimento é um aspecto decisivo da vida dos espíritos. Tem a ver com suas obras e sua jornada anterior, mas também com suas mais íntimas disposições e suas conquistas evolutivas. Cada ser está onde se põe, e ali se põe por suas afinidades, ideias, sentimentos e interesses. Por isso, muitos podem estar na floresta, que também é um lugar de onde as perturbações da vida urbana ficam apartadas, predominando o silêncio, os sons dos bichos, as cores dos animais e plantas, e as múltiplas manifestações da vida em estado natural.

É um ambiente incomparável.

Na floresta, como escreveu Gibran:

> Todas as glórias são vãs como borbulhas na água,/ Quando a amendoeira lança suas flores sobre o espinheiro, / não diz: 'Ele é desprezível e eu sou um grande senhor'/ Dá-me a flauta e canta! / Que o canto é glória autêntica e o lamento da flauta sobrevive ao nobre e ao vil.

Alex Lobo Saltador andava curioso a respeito de seu passado indígena. Isso fez com que Lua Vermelha revivesse momentos que lhe traziam grande satisfação: ele se via novamente perante o jovem Lobo Saltador, narrando as histórias de seu povo.

Sentados em um ponto tranquilo da floresta, um pequeno recorte de mata Atlântica perto do litoral paulista, a noite chegou escura.

Lua Vermelha passou a contar que o segundo tratado de Laramie, assinado em 1868, também foi quebrado pelo desrespeito dos brancos, em 1874. Naquele ano, o governo federal enviou tropas sob o comando do general Custer para dentro da reserva *sioux*, em direção às Black Hills, em busca de ouro. Um boato havia sido espalhado de que as Black Hills escondiam enormes jazidas de ouro.

– Em 1875, o governo tentou comprar Paha Sapa – as Black Hills – o lugar mais sagrado de todo o mundo para os *sioux*. Era lá que sonhávamos nossos nomes e conhecíamos nossos animais protetores. Era a dádiva de Wakan Tanka para os *sioux* continuarem em comunicação com ele.

Alex conseguia se lembrar como há muito não fazia. As crianças e adolescentes *sioux* não tinham um nome próprio, e eram chamados de acordo com uma característica física predominante, até os 16 anos. Foi com essa idade que ele próprio pôde ir pela primeira vez a Paha Sapa, onde ficou aguardando a sua visão, pois cabia à montanha revelar-lhe o seu nome. E a visão tinha sido aquela de que ele já tinha se lembrado, do lobo saltando à entrada da tenda.

– Para os brancos – continuou Lua Vermelha – parecia que tudo era resolvido com dinheiro, sempre. Mas, enquanto o governo enviava sua proposta, milhares de mineiros já invadiam nosso território e começaram a garimpar como loucos. Estavam envenenados pela cobiça e não enxergavam mais nada. Um de nossos chefes, Nuvem Vermelha, pediu ao governo que expulsasse os mineiros, mas não adiantou.

– Espere... é aí que Cavalo Louco entra na história!

– Cavalo Louco, chefe *cheyenne*, e Touro Sentado, chefe *sioux*, entenderam que, se os brancos podiam andar por onde queriam, então os índios também podiam. Cavalo Louco e Touro Sentado decidiram retomar o costume ancestral de migrar atrás da caça, indo onde bem entendessem. E os *sioux* e *cheyennes* passaram a andar fora da reserva, vivendo em acampamentos, o que o governo dos Estados Unidos considerou uma provocação. Isso virou desculpa para que o governo mandasse as suas tropas contra os índios. Custer foi o seu líder.

Essa frase causou grande um abalo em Alex. Esse nome avivava memórias antigas. Ele sentiu que estava se aproximando o momento mais terrível, aquele que ele tinha apagado de suas lembranças traumáticas.

– Havia um barco, não é mesmo? – perguntou Alex, sem poder evitar a enxurrada de recordações.

– Sim. O *Far West* – respondeu Lua Vermelha. – Ele trouxe os soldados, seus cavalos, suas armas e sua comida pelo Yellowstone até a foz do Little Big Horn, perto de onde aconteceu uma das maiores batalhas de todos os tempos da história da luta entre o povo índio e os soldados Casacos Azuis. Cabelos Longos Custer era o comandante dos Casacos Azuis.

Nada mais foi dito naquela noite. A sequência de eventos foi correndo como um riacho e Alex Lobo Saltador se via à sua margem, sabendo que não poderia cruzar aquelas águas sem conhecer tudo o que ele vinha lhe mostrar.

Era uma prática bastante comum os guerreiros circularem pela redondeza buscando sinais dos brancos, retornando para avisar o conselho dos chefes que, a esta altura, tinha se reunido para deliberar sobre o futuro.

Naqueles dias, o conselho estava reunido. É que a história da grande visão de Touro Sentado durante a Dança do Sol[13] havia se espalhado como fogo em rastilho de pólvora pelas pradarias. Durante o ritual da dança, ele tinha visto muitos Casacos Azuis caindo do céu sobre o acampamento índio como uma praga de gafanhotos, de cabeças para baixo e com os chapéus caindo. Para todas as tribos, ficava evidente que o ataque não tardaria e que deveriam estar preparados.

Far West era o nome do Grande Barulhento, o impressionante cuspidor de fumaça que Lobo Saltador avistou subindo o rio Yellowstone. Seu tamanho, o modo como balançava as águas e como soltava a nuvem cinzenta assustaram Lobo Saltador. E o susto foi tão grande, junto ao medo e ao inesperado, que o jovem escorregou do lombo do cavalo e caiu de um jeito que sua canela ficou doendo muito, demorando um pouco antes de tentar se colocar novamente em pé.

---

[13] As visões e os sonhos tinham uma importância capital para os *sioux*. A Dança do Sol era um ritual sagrado para todos os nativos americanos. No solstício de verão, durante até oito dias, a tribo dançava para renovar e purificar suas almas. Era muito comum, em meio à exaustão da dança, que os guerreiros fossem tomados por muitas visões.

Quem são meus irmãos?

Mc 3,33

Em 1876, o soldado raso Terrence O'Connor da Cavalaria dos Estados Unidos era um rapaz impulsivo de origem irlandesa que havia assentado praça há menos de um ano. Sempre tinha sonhado com as guerras e batalhas, imaginou que seria um lugar onde um homem pudesse provar sua têmpera, seu valor e sua honra. Como era inteligente, inquieto e curioso, também aprendeu a língua dos índios, a ferrar cavalos e rudimentos de primeiros-socorros, sendo sempre animado e disponível para ajudar onde quer que fosse preciso.

Mas seu período no exército havia sido decepcionante. Primeiro, ele descobriu que tudo o que eles faziam ou deixavam de fazer tinha a ver, primeiro, com política e, só depois, quando possível, vinha a honra. Mais adiante, ele descobriu a sensação horrorosa de ouvir histórias de aldeias nativas inteiras dizimadas, estando do lado dos que diziam ser isto o mais certo a fazer. Não pretendia chegar a esse ponto.

Conversara pessoalmente com os *índios de agência*, que tinham aceito as condições dos brancos e concordado em viver confinados em troca de um pequeno pagamento, mas que ali tinham encontrado a pobreza, a fome e a doença, isso sem falar da desonra que a situação representava. Detestara aquilo tudo.

Um dia, estavam acampados entre forte Reno e forte Smith e ele decidiu que não queria mais compactuar com aquilo. Foi nesse mesmo dia que ele se tornou um desertor. Arranjou roupas civis com um cozinheiro também irlandês que dizia conhecer vários bons O'Connors. Aproveitou-se do cochilo do tratador para retirar um bom cavalo alazão do curral e cuidou de desaparecer o mais rápido possível em direção ao norte, onde haveria muito chão e certamente não existia nenhuma unidade militar.

Bem... havia índios, o que representava um risco calculado. Mas havia o ouro das Black Hills, a nordeste. E ele só precisava de um pouco desse ouro para ir viver bem longe dali...

Um dia, ladeando o rio Yellowstone, ele avistou um jovem índio em apuros. O cavalo parecia tê-lo derrubado e o rapaz aparentava dificuldade para se levantar. Vendo que o jovem estava sozinho, ele atendeu ao impulso de ajudar e foi até ele. No começo, Lobo Saltador tentou se afastar, mas viu que o jovem de cabelos amarelos vinha sozinho e não usava casaco azul do exército. Além disso, ele falava sua língua, embora não muito bem.

– Espere. Ajuda. Quero ajudar... – disse o cabelo amarelo, hesitante. – Meu nome é O'Connor. Terry O'Connor. Posso olhar seu pé.

Lobo Saltador ficou mais tranquilo.

– Virei, caindo do cavalo – disse o índio, apontando o lugar da dor.

Terry colocou as mãos na canela empoeirada, procurando fraturas. Como viu que não era o caso, ele foi até a bolsa de couro em seu próprio cavalo e trouxe um pano grande.

– Vou enfaixar. Vai ajudar você a conseguir andar, até que melhore.

Mas primeiro ele realizou alguns movimentos com a perna, bem doloridos, mas sem que o ferido reclamasse, exatamente como devia fazer um guerreiro. Terry fez o melhor possível e depois disse que ia ajudar Lobo Saltador a montar.

– Fique sossegado. Você não vai morrer disso. Ainda não chegou a sua hora... – disse cabelo amarelo, sorrindo.

(Naquela hora, Alex, que ia se lembrando de tudo, teve um sobressalto: o Cabelo Amarelo era Marcelo Gatto!)

Antes de partir, Cabelo Amarelo O'Connor perguntou a Lobo Saltador qual o melhor caminho para as Black Hills.

– Por que quer saber?

– Bom... eu sou um desertor. Vão querer me pegar. Preciso de um pouco de ouro... um pouco só... pra começar uma vida longe daqui.

– Paha Sapa não é lugar pra branco – advertiu Lobo Saltador, contrariado.

– Paha Sapa já está cheia de brancos.

– Brancos devem deixar Paha Sapa.

– Olhe, eu também acho. Não gosto do jeito dos brancos fazerem as coisas, por isso fugi do exército. Eles querem acabar com os índios pra tomar sua terra. Mas eles têm muitos homens, muitas armas. Os índios deviam se preparar pra enfrentar o poderio dos brancos.

Lobo Saltador ouviu com atenção. O'Connor continuou:

– Vocês só têm peles de búfalo pra trocar. Se tivessem ouro, poderiam comprar muitos rifles, muitos *Winchester*.[14] Poderiam comprar suprimentos pra aguentar muito tempo sem caçar, sem ter de correr atrás da caça. Poderiam ficar escondidos pelo tempo que quisessem.

Lobo Saltador tinha acabado de ver uma amostra do poderio branco: o *Far West*, o Grande Barulhento subindo o rio.

– Você deve estar certo – disse Lobo Saltador a Cabelo Amarelo O'Connor. – Mas eu devo ir até o Big Horn, avisar no acampamento que está vindo o Grande Barulhento.

– Olhe, se você vai vir comigo, eu nem posso esperar e nem posso pensar em voltar para o sul. Lá deve estar cheio de soldados. E Custer está vindo encontrar-se com eles.

– Cabelos Compridos Custer?

– Ele mesmo.

Lobo Saltador ficou indeciso. Voltar e avisar ou seguir para o norte com Cabelo Amarelo. Pensou então que, se fosse e retornasse com ouro, podia ajudar muito mais. Se os Casacos Azuis iam cair do céu, seria bom ter mais armas e suprimentos. E então ele resolveu ir com Cabelo Amarelo O'Connor, guiá-lo até Paha Sapa em agradecimento pelos primeiros-socorros. Depois voltaria, talvez, com algumas pepitas.

Lobo Saltador ficou fora alguns dias com Cabelo Amarelo O'Connor, onde desenvolveram um grande companheirismo. Mas ele mesmo não tinha garimpado. De certa forma, parecia errado roubar o ouro da barriga de Paha Sapa.

Ao decidir voltar, o índio ganhou um saquinho de couro de Cabelo Amarelo com várias pepitas. Quis recusar, mas a sobrevivência da nação *sioux* lhe parecia suficientemente importante para aceitar o presente. E ele devia agir como um bom lobo: devia pensar na nação *sioux* e em sua sobrevivência, antes de qualquer coisa.

Mas muita coisa tinha acontecido entre a partida e o retorno de Lobo Saltador. Houve uma grande batalha do vale do rio Little Big Horn, cujo resultado foi uma grande vitória para os *sioux* e *cheyen-*

[14] Rifles Winchester.

nes, contra os brancos. As mortes entre os brancos foram muitas, os que conseguiram sobreviver tinham fugido sob a chuva que lavou as pradarias de todo aquele sangue derramado. O Grande Barulhento acolheu os feridos e os levou de volta à segurança. Cabelos Compridos Custer, porém, estava morto.

Deveria ser um motivo de alegria, mas Lobo Saltador nunca se conformou. Primeiro, porque tinha perdido a oportunidade de ser um bravo entre os bravos do seu povo que haviam combatido com tanto valor. Segundo, porque sua cunhada Pena Pequena havia morrido e Lua Vermelha sofria demais por isso.

Quando Lobo Saltador voltou e foi à tenda de Lua Vermelha, imaginava que teria algo de grande para oferecer, o ouro recebido de Cabelo Amarelo O'Connor e a história da viagem. Mas o ouro e a história se tornaram insignificantes, tornaram-se nada, diante da dor que Lua Vermelha escondia atrás de seu silêncio.

Lua Vermelha olhava para o xale de Pena Pequena. E a primeira vez que disse alguma coisa, muito tempo depois, foi para jurar a si mesmo que jamais usaria o conhecimento índio da cura para ajudar nenhum branco que fosse, não importa o quanto estivesse sofrendo e em dor, porque ele naquele momento experimentava a maior dor de toda a sua vida.

Lobo Saltador jamais superou a vergonha, porque pareceu diante de todos que ele tinha desaparecido para evitar a grande batalha. Diante de si mesmo, ele nunca parou de pensar que, se tivesse voltado para o acampamento naquele dia, talvez Pena Pequena ainda estivesse viva.

No sábado, Rogério telefonou para Dena e perguntou se podiam iniciar seus encontros de estudo. Ele queria conhecer os livros que ela tinha e escolher algum para começar a estudar.

Dena pediu que ele viesse por volta das dezessete horas, pois tinha uma reunião no GEUB às catorze.

Quando ela voltou, ele já estava com o carro estacionado em frente à sua casa e desceu, sorrindo.

– Você vai a pé ao GEUB? Por que não me disse? Eu iria buscá-la – disse Rogério, retirando de seus braços o pacote de pastas que ela trazia.

– É tão pertinho!... Não havia necessidade.

– Teria sido um prazer.

Dena abriu a porta, pois não havia ninguém em casa. Cleide ficaria até mais tarde organizando as cestas básicas a serem distribuídas no domingo, seu pai não morava com elas.

– Entre. Pode colocar estas coisas sobre o sofá, depois tenho que organizar antes de guardar...

– Estou ansioso.

– Então, venha até aqui. A maioria dos livros está no escritório da minha mãe. Só alguns estão na estante do meu quarto.

Dena entrou e pegou *O livro dos espíritos* que estava sobre a mesa, como se alguém houvesse acabado de ler naquele momento.

– Minha mãe devia estar estudando. Mas pegue e dê uma folheada. Veja os assuntos no índice e por onde gostaria de começar.

– É um livro de religião?

– Não. Basicamente se trata de um livro de filosofia. Ele traz os fundamentos e princípios da filosofia espírita.

– Mas é um livro só para quem quer ser espírita?

– Claro que não! É um livro importantíssimo para quem quer conhecer bem o espiritismo, independente de tornar-se espírita ou não.

Rogério abriu numa página e leu uma questão[15]:

> 200. Os espíritos têm sexo?
>
> – Não como o entendeis, porque os sexos dependem da constituição orgânica. Há entre eles amor e simpatia, mas baseados na afinidade de sentimentos.

– O sexo, de acordo com o espiritismo, tem uma função em nossas vidas? Ele não é considerado impuro, pecado, ou algo assim? – perguntou ele.

---

15 KARDEC, A. Capivari: EME, 1996, p. 120.

– Claro que não! Já que tocou nesse assunto, sugiro ler o "Livro terceiro: as leis morais".

Rogério buscou o índice e notou a riqueza de tópicos.

– Nada disso! Vou querer começar do começo. Mas se puder me dizer alguma coisa para me ajudar a entender como é que o sexo participa de nosso aprendizado espiritual...

Tratava-se de um assunto difícil para Rogério. Ele sentia, a respeito, uma forte contradição dentro de si mesmo: aspirando a uma vida regrada, mas, ao mesmo tempo, tendo de se submeter a alguns impulsos que achava que devia (mas não conseguia) controlar.

– Vou passar minhas impressões – Dena enfatizou o 'minhas'. – Embora elas não estejam explícitas no espiritismo, entendo que não entram em conflito com ele.

Dena sentou-se na poltrona e pediu a Rogério para ocupar a poltrona ao lado.

– O ideal romântico envolve basicamente a presença de duas forças que eu vou chamar de ternura e desejo (ou atração). *Romeu e Julieta*, *Tristão e Isolda* e, até, muitas novelas de TV, apresentam esse modelo que faz as pessoas suspirarem e sonharem. Mas ternura e desejo são energias que nem sempre aparecem simultaneamente. Você pode se sentir atraído por uma mulher curvilínea que passa na rua, e só, sem envolver a ternura. E pode sentir profunda ternura por outra mulher, sem ficar atraído por ela.

Rogério parecia muito interessado, o que a motivou a falar mais do assunto:

– Nós vivemos à procura de alguém que acenda em nós, ao mesmo tempo, as 'chamas' da ternura e do desejo, porque o resultado da combinação entre estas duas energias é – digamos dessa forma, ok? – mágico! E há uma instância dentro de nosso ser milenar que sabe disso. Nós sabemos que, quando a ternura e o desejo se combinarem e começarem a interagir dentro de nós, passaremos a viver num estado em que nossos dias terão outro colorido, as coisas serão vistas com mais clareza e *insights* vão acontecer... Mudará o teor de nossos pensamentos, a vitalidade aumentará, possivelmente mudará nosso regime de alimentação e sono, enfim, muitas coisas positivas advêm como consequência. Mas boa parte dos espíritos que vivem neste planeta, atualmente, embora aspire a uma relação assim, não tem ainda estrutura interna para lidar com tudo isso de forma bem sucedida...

– Por quê? – interrompeu Rogério.

– Os seres humanos tendem a entrar em relacionamentos de dependência emocional. E isso é extremamente comum quando estes envolvem sexo. Porque nós, humanos, ainda vivemos muito ligados à energia das emoções inferiores (medo, egoísmo, raiva, ciúme, desejo de posse, insegurança, ansiedade). Então, quando a perspectiva de uma relação de ternura e desejo surge no horizonte, há um encantamento inicial. Mas quase ninguém consegue ficar assim por muito tempo, porque se deixa contaminar pela ansiedade que faz pensar em perder, pelo ciúme que faz desconfiar, pelo desejo de posse que faz querer controlar. As emoções inferiores embaçam nossa visão, perdemos os *insights* e começamos a viver tensos, preocupados. Começam as cobranças e os conflitos relacionados à realidade do dia-a-dia, que muitos não conseguem superar. Bem, isso é só uma teoria que tenho desenvolvido...

– Dena! Não sei se é sua ou de quem é, só sei que você parece ter contado a minha história com a Marjorie!

– Creio que contei histórias de muitas pessoas. Na verdade, esta tem sido minha pesquisa e vou tentar propor um projeto de mestrado sobre o tema, se encontrar um professor com mente aberta o suficiente...

Dena respirou fundo e prosseguiu:

– Mas, respondendo à sua pergunta, o sexo faz parte da fisiologia do corpo físico e tem um papel na economia da vida. Isso é da natureza. O que não é natural é o jogo, a manipulação, o abuso, a promiscuidade. Isto tudo está ligado às emoções inferiores e ao regime de dependência emocional em que vivemos. Mas, quando houvermos progredido o bastante, não mais passaremos pelos problemas que são hoje tão comuns nos relacionamentos e na própria vivência da libido.

Rogério entusiasmou-se ainda mais com a perspectiva das conversas inteligentes com Dena. Teve vontade de trazê-la mais para perto do seu corpo, beijar-lhe o rosto, mas se conteve para não colocar suas chances a perder.

MEU AMIGO,
SUBI MAIS ALTO

Lc 14,10

Outra semana começava e Bruna via seus problemas se multiplicarem. Não conseguia tirar Túlio da cabeça e não sabia como trazê-lo para mais perto. Como de costume, chegou cedo ao trabalho. O silêncio no escritório e o acesso à *internet*, longe da tia, eram cada vez mais necessários, nestes tempos.

Quando ela entrou no *MSN*, viu que o Super7 estava *online* e ele a chamou para teclar:

Super7 diz: senti saudades... onde esteve?

Para Bruna, era um alívio aquela companhia. Eles tinham sexo virtual, sim, mas não era só isso. Afinal, era alguém que parecia realmente ouvi-la e entendê-la. Ou ao menos ela achava isso...

Princesinha diz: resolvendo problemas

Super7 diz: nem me fale. onde está? está sozinha?

Princesinha diz: sim. estou no escritório, o pessoal só chega daqui a uma meia-hora

Super7 diz: tá com vontade?

Princesinha diz: hmmm, talvez...

Super7 diz: quer ou não quer?

Bruna não queria muito, mas sabia que ele podia fugir se ela negasse, então...

Princesinha diz: quero!

Super7 diz: liga a cam

Princesinha diz: ok

Super7 diz: quero ver sua boquinha gostosa... me manda um beijinho

Princesinha diz: beijinho... hmmm... onde vc quer?

Princesinha diz: espera

No micro do Super7, aparece o convite:

Princesinha está convidando você para iniciar a opção exibição de imagem da webcam. Deseja Aceitar ou Recusar o convite?

Você aceitou o convite para iniciar a opção exibição de imagem da webcam.

Princesinha diz: tá me vendo?

Super7 diz: cada centímetro. vai...

Princesinha diz: calminha, não tem pressa. quero chegar lá devagar

Super7 diz: onde quer começar?

Os dez minutos seguintes levaram Bruna ao êxtase. Era estranho estar diante de uma máquina e ser capaz de sentir tudo aquilo. E era, ao mesmo tempo, confortador. Afinal, era alguém, independente de ela nunca ter visto (ele se recusava a mostrar o rosto ou mandar foto). Era alguém interessado nela, pensava...

Instantes depois, foi a vez do Grichka, outro amigo virtual, piscar no *Messenger*. Com ele, não havia sexo. Tinha um português horrível, dizia morar na Ucrânia. Às vezes, usava o inglês, mas aí era Bruna que tinha dificuldade para entender. Quando conversaram, no início, ele dizia estar procurando uma mulher brasileira para casar. Dizia ter se apaixonado por ela.

Tudo havia começado dois meses antes, quando ele encontrou o perfil dela num *site* de namoro e propôs teclarem; suas falas eram melosas, mandava ícones de cartas de amor que explodiam em corações na tela e de beijos que estalavam como se fossem reais. Grichka se dizia técnico de futebol, fascinado pelo Brasil (por isso sabia um pouco da língua) e pelas brasileiras, mas, especialmente por ela. Achava Bruna linda, inteligente, *sexy*, prometia vir conhecê-la pessoalmente assim que pudesse.

Assim Bruna ocupou seu tempo até o pessoal chegar e a rotina do escritório começar a se aquecer.

Túlio entrou apressado e ela o seguiu para sua sala.

– Bruna, é hoje que o advogado dos chineses vem?

– Sim, às dezesseis horas.

O jovem sabia que o seu desempenho naquela negociação toda contava muitos pontos junto à diretoria da empresa. Fazendo um gesto para a assistente, ele disse:

– Olha... Sobre aquele seu pedido... Do dinheiro.

– Sim?

– Eu vou arranjar pra você. Não precisa me dizer o que vai fazer com ele, não me interessa. Se for pra tia Maria, fico feliz, porque ela merece. Se for pros seus delírios consumistas, não quero saber.

– Mas não...

Túlio acenou com impaciência, interrompendo a fala da jovem:

– Não quero saber!!! Já disse.

Depois, mais calmo, continuou:

– Mas, se você estiver com algum problema sério, se houver algo que eu possa fazer pra ajudar, veja bem, sem envolvimentos, sem que você ache que estou querendo me reaproximar de você... Se precisar de ajuda, pode me dizer. Certo?

Bruna ficou emocionada. Não esperava. Aquilo era muito mais valioso que o dinheiro, que parecia agora um item secundário. Túlio percebia que tinha algo errado e oferecia ajuda!

– Obrigada! Olha... muito obrigada, mesmo. Pelo dinheiro, mas, especialmente, por ser quem você é. Eu... eu não vou confundir as coisas, prometo.

– Acho bom. Liga pro gerente de RH e me passa a ligação. E me traz um *expresso*.

– Sim, é pra já.

Marcelo queria parecer descontraído e animado, mas era possível perceber uma nuvem de preocupação em sua fisionomia. Seu exame com o cardiologista estava marcado para aquele mesmo dia, no final da tarde. Por um processo que não conseguia entender, algo lá no fundo de sua alma dizia que os resultados não seriam aqueles que ele mais desejava... Procurava se agarrar às palavras de Alex Lobo Saltador, na mensagem psicografada.

Assistiu às aulas com grande concentração, pois era um jeito de não se focar no que faria depois.

Marjorie ligou durante o intervalo e conversaram muito. Estavam cada vez mais próximos. Ela sabia tudo o que estava acontecendo e, enquanto lhe dava apoio, sentia-se mais e mais envolvida afetivamente. Não havia ainda um romance acontecendo, mas qualquer pessoa mais atenta veria que se tratava de uma simples questão de tempo.

Marcelo, estranhamente, tinha mudado de atitude. Se antes era atirado, afoito, intempestivo, agora parecia tranquilo, como se visse sua meta se aproximando de forma inevitável e quisesse apenas saborear a visão dela chegando, paciente. Um guerreiro na tocaia. Seria isso, mesmo?

– Gato, preciso desligar. Desculpe, reunião da coordenação em cinco minutos.

– Ok. Tenho aula daqui a pouco.

– Posso ir com você, à tarde?

– Acho melhor não.

– Por quê? Eu podia só ir junto... Podia até pegar você em casa e depois levar de volta... Seria tranquilo pra mim.

– Marj, minha linda, não insiste. Me deixa ir de táxi. Estou meio nervoso, mas sempre gostei de encarar minhas batalhas, sozinho.

– Você promete que me liga assim que sair de lá? Vou ficar esperando...

– Assim que me liberar ou, no máximo, chegando em casa, eu ligo.

Marcelo, como todo competidor leal, não gostava da ideia de que seu estado de saúde pesasse sobre a decisão da mulher que tanto queria. Não pretendia entrar no páreo com algum *handicap*, uma condição prejudicada que lhe desse algum tipo de possível vantagem. Tinha aprendido a jogar limpo, pela vida toda. E não ia fazer diferente agora.

Passou a recapitular certos fatos. Começou a sentir algumas tonturas, cerca de um mês atrás. Não parecia nada sério, pois, de fato, a única vez que ficou inconsciente foi durante a discussão com Rogério, no portão do prédio. As outras vezes tinham passado logo. O que isso podia ter a ver com doença de coração?

Por outro lado, doutor Miller já vinha insistindo para que fizesse o exame o mais depressa possível, mas era difícil aceitar a ideia de um diagnóstico desfavorável. Por isso, protelou o quando pôde. Afinal, tinha pressão normal, apetite normal, pulso normal... parecia tão bem!

Só que agora essa etapa tinha terminado e ele entrava em outra. Naquela em que ele ia encarar a realidade dos fatos, fossem quais fossem.

Com o resultado do ecocardiograma em mãos, doutor Takeda, o médico do coração, deu as explicações que entendeu serem necessárias:

– Tonturas repetidas como as suas podem ter causas circulatórias. Você também mencionou falta de ar, o que fez o doutor Miller pedir o exame. E é o que está ocorrendo no seu caso.

– Circulatórias? Quer dizer do sangue ou do coração? – inquiriu Marcelo, ansioso.

– Quer dizer do sistema circulatório, que inclui artérias, veias e coração. Pelo que seu exame revelou, é uma condição que solicita atenção e cuidado, mas, adianto, não se trata de um problema agudo e nem fatal, na imensa maioria dos casos. Costumamos chamar em 'cliniquês' de cardiomiopatia hipertrófica.

– O nome não me agrada... – Marcelo sentiu sua respiração mudar, curvando-se na cadeira.

– Calma! O tratamento em geral é clínico, com medicamentos. Pouquíssimos casos são recomendados à cirurgia.

– Eu posso morrer disso, doutor?

– Apenas 3 a 4% dos pacientes morrem de insuficiência cardíaca congestiva ou morte súbita. Porém, o tratamento que vou propor, seguido à risca, coloca você bem distante dessa possibilidade... Você é um atleta, tem boa saúde, boa condição física. No entanto, vou ter de pedir que diminua muito sua atividade física...

– Mas... atividade física não faz bem?

– Em geral, sim, sem dúvida. Mas no seu caso específico, veja bem, a cardiomiopatia hipertrófica é uma das principais causas de morte súbita em atletas ou pessoas jovens durante atividade física. Não quer dizer que deva parar de fazer exercícios, mas que deve se limitar a certos exercícios e manter um controle médico rígido da sua condição.

– Entendo. Pensei que fosse dizer que eu estava condenado.

– Vamos com calma. Você não deve brincar com seu estado de saúde. Vou lhe prescrever um medicamento, não deixe de tomá-lo. Você vai viver muitas coisas boas nessa vida, ainda.

Marcelo saiu do consultório e seguiu para o elevador sentindo como se alguém o houvesse colocado de castigo. Era um homem ativo, gostava de esportes, a dedicação ao *ninjitsu* sempre foi maior que aos estudos.

Por que isso tinha que acontecer com ele? Um cara que nunca tinha fumado, que detestava bebidas alcoólicas, que sempre procurou ter uma alimentação equilibrada. Tanta gente, por aí, cometendo todo tipo de maluquice, tinha saúde perfeita!...

Não deixava de ser revoltante. Ele acreditava não merecer aquele diagnóstico e ficou muito, mas muito bravo, mesmo... Como há muito tempo não ficava.

Dena entrou em casa e encontrou uma carta da faculdade. Seu pedido de bolsa havia sido aceito. Ela deveria apresentar os documentos exigidos e cuidar dos detalhes para a viagem, que ocorreria em breve.

Era uma oportunidade maravilhosa, mas seu entusiasmo foi diferente do que imaginara. Quando se inscreveu, não tinha o que deixar para trás. Tinha, por outro lado, a esperança de encontrar um amor do outro lado do oceano, talvez até um amor francês!...

Quando Cleide a viu com a folha na mão, pensativa, logo quis saber:

– E então? Saiu o resultado?

– Saiu – disse Dena, como se não fosse nada demais. – Fui aprovada.

Cleide ficou eufórica, abraçou a filha.

– Parabéns, minha querida! Você merece. Você fez por merecer. Se é um prêmio, ele veio para a pessoa certa... – depois, observando melhor a expressão no rosto da filha, acrescentou: – Por que é que você não me parece entusiasmada?

– Nada demais...

– Nada demais? Você batalhou por isso, ficou meses falando disso e de tudo que significava pro seu futuro profissional, e agora recebe a notícia com essa frieza?

– Não é frieza, mãe. Estou feliz. Mas algumas coisas mudaram desde aquela época...

– Algumas coisas e, entre elas, o Rogério?

– Como sabe?

– Ele tem ligado, vocês têm conversado. Foram ao clube juntos, sábado retrasado. Ele veio aqui anteontem. E eu também sei do que houve entre ele e a Marj...

– Começamos a estudar espiritismo...

– Notei isso, também. E o que mais?

– ...

– Vocês têm estado muito sozinhos, só os dois...

– É mesmo. Bem, ele e a Marjorie terminaram. A gente se encontrou por acaso, naquele dia em que fui caminhar. Fui uma boa ouvinte. Ele quis conhecer a doutrina espírita, eu me ofereci...

– Sem nenhuma outra intenção?

– E se tiver, mãe? O que tem?

– Nada. Desculpe se pareço fazer um inquérito. Você não me deve satisfações há muito tempo.

– Não quis parecer indelicada. – disse Dena, sem graça.

– Está bem, eu entendo...

– É que fiquei um pouco indecisa, agora. Deu certo medo.

– Medo, de quê?

– De ter que escolher entre o Rogério e a França.

– Você não sabe se terá mesmo essas opções... Tudo é muito recente e, além do mais, o que é que vocês têm? Até onde sei, uma boa amizade... Ficar com Rogério ainda não é uma opção disponível no seu '*menu*'.

– Sei, mãe. Mas é a primeira chance concreta que tenho com ele, em anos. E é a primeira vez que resolvi jogar minhas cartas. Não foi uma decisão fácil.

– Medo de ser rejeitada?

– Medo de ver perder-se uma fantasia que alimentei durante tanto tempo. Medo de perder mais do que poderia ganhar. Afinal, se não der certo e eles voltarem, eu provavelmente me tornaria uma *persona non grata*, teria de me afastar.

– E como é esse medo, minha querida?

– É uma sensação horrível de que algo pode sair errado e eu acabar sofrendo.

– Bom, não sei se o que vou dizer vai ajudar. Mas não é sempre que, evitando o que tememos, também evitamos sofrer. Até porque, você já não está sofrendo, por antecipação? Imaginando uma situação de escolha que talvez nem chegue a existir?

– O que você sugere?

– Siga o seu coração, com relação ao Rogério. Procure ser leal à Marj, mas, especialmente, a si mesma. Porém, não alimente expectativas demais. Viva um dia de cada vez...

– Tem razão, mãe.

Dena parecia um pouco mais confortável, agora.

– Então me deixe dar-lhe os parabéns e dar um abraço 'daqueles'...

Bruna abriu a porta de casa alegre, como há muito não fazia. A fatura paga era o melhor presente que poderia ter recebido. Que importava que ia ter de pagar a Túlio, depois? Ele tinha sido seu salvador! Assim ela o via.

Ao entrar no *Messenger* notou que Grichka estava *online*. Era curioso como ela sentia cada vez mais necessidade de ver seus contatos *online*. Era confortador, como se pessoas de verdade estivessem ali, ao alcance de um clique. Ver todos *offline* a deixava deprimida, e então sentia-se só...

No fundo, ela sabia que eles estavam cuidando de suas vidas, que muitos deles provavelmente nem se lembravam mais de quem era a Princesinha, mas também aconteciam conversas interessantes, como com o Jáder, aquele outro amigo com quem ela fazia sexo virtual semanalmente, quase sempre aos sábados à tarde, mas com quem também gostava de bater papos diversos.

Não achava isso exatamente 'normal', mas também não via nada demais. Estava ao seu alcance, não prejudicava ninguém. Que mal podia haver? Ela tinha até o costume de salvar os arquivos daquelas transas e usá-los para se masturbar, mais tarde.

Antigamente, para ela, o melhor de ter amigos virtuais era que podia deletá-los com mínimo esforço, se ficassem chatos ou se se cansasse deles. Eram apenas ícones na tela. No começo, fazia muito isso. Só que, ultimamente, parecia estar ficando mais difícil. Tinha invertido a relação: os pequenos ícones tinham se tornado pessoas e ela tinha receio de tirá-los dali e ficar com uma lista totalmente em branco. Clicou em Grichka para iniciar uma conversa, mas depois ficou em dúvida sobre se deveria. E acabou ficando por ali, um tempo, esperando para ver se alguém a chamava. Foi quando entrou Jugernaut, que ela nem lembrava mais quem era. Devia ser de algum dos *sites* de relacionamento em que ela havia se inscrito.

Jugernaut diz: Quem é você? Seu e-mail não me é estranho, mas não conheço Princesinha nenhuma.

Princesinha diz: sou a Bruna. e vc?

Jugernaut diz: Emanuel

Princesinha diz: vc é aquele cara que colocou um perfil todo zoado no site? adorei aquilo

Jugernaut diz: Obrigado, é tudo verdade =D

Princesinha diz: vc é de são paulo?

Jugernaut diz: Guaianazes

Jugernaut diz: E vc, é de onde?

Princesinha diz: moro perto do arouche

Jugernaut diz: Por que me mandou o recado? Quer amigo, rolo ou namorado?

Bruna estacou, de repente. Uma pergunta simples daquelas, e ela não sabia responder. Não que ela não soubesse responder para Jugernaut, ela não sabia nem para si mesma!!! Depois de alguns momentos de suspense, ela respondeu:

Princesinha diz: você seria meu amigo? assim, pra começar, e se depois rolar algo mais, rolou

Jugernaut diz: Eu topo

Princesinha diz: posso perguntar por que jugernaut? é complicado

Jugernaut diz: É um tipo de vilão, seria com dois "g". Mas como eu sou um Jugernaut falsificado, botei um só...

Princesinha diz: mas vc tem um nome bonito. emanuel.

Jugernaut diz: Também tá escrito errado. Seria Emmanuel. Mas me registraram assim...

Princesinha diz: p q emmanuel? é estrangeiro?
Jugernaut diz: É um espírito. Escreveu livros. Minha mãe leu os livros dele, gostou e, quando nasci, quis me dar o mesmo nome.

Jugernaut diz: Só que não prestaram atenção no jeito de escrever, então ficou com um "m" só.

Princesinha diz: como um espírito escreveu livros? pela mediunidade?

Jugernaut diz: Já ouviu falar?

Princesinha diz: sim... mais ou menos

Jugernaut diz: Mais? Ou menos? =)

Princesinha diz: nunca estudei, mas conheci pessoas espíritas que liam esse tipo de livro

Jugernaut diz: São muito bons.

Princesinha diz: você pode me dar o nome de um?

Jugernaut diz: Tem muitos. O Espírito da Verdade. Há Dois Mil Anos. Livro de Respostas. Paulo e Estevão.

Princesinha diz: gostei desse: livro de respostas.[16] vc tem?

---

[16] EMMANUEL. *Livro de respostas*. Psicografado por F. C. Xavier. 4ª. Ed. São Paulo, CEU, s.d..

Jugernaut diz: Sim

Princesinha diz: pode me mandar uma frase dele? por faor

Jugernaut diz: Um momento

Jugernaut diz: "Aquele amigo não te viu as dificuldades nem te compreendeu as intenções. / Irritou-se, acusou-te, desprezou-te."

Jugernaut diz: "/ Compadece-te. Em silêncio, pede a Deus o abençoe e fortifique. / Ele não sabe que talvez amanhã deva entrar em provas mais difíceis."

Bruna pensou imediatamente em Túlio. Nas acusações que ele havia feito, mas, também, na ajuda que ele tinha oferecido. A parte que dizia "amanhã deva entrar em provas mais difíceis" virou uma dúvida seu pensamento. Que provas difíceis poderiam ser estas?

Princesinha diz: nossa!!! vc escolheu ler isso pra mim?

Jugernaut diz: Não, abri ao acaso. P q?

Princesinha diz: sei lá. parece que foi direto pra mim...

Princesinha diz: vc é algum tipo de bruxo?

Jugernaut diz: Olha............ não. E isso de abrir um livro numa frase que parece 'conversar conosco' nem é tão difícil de acontecer.

Princesinha diz: bom, eu nunca vi. como vc me explica?

Jugernaut diz: Vc acredita em espíritos?

Princesinha diz: não sei

Princesinha diz: mas não acho impossível

Jugernaut diz: Eu soube desde criança que eles existiam. Eles me assustavam. Mas depois aprendi a conviver com eles.

Princesinha diz: não entendo. vc é médium?

Jugernaut diz: Todos somos médiuns. Só que eu percebo os espíritos um pouco mais. Só isso.

Jugernaut diz: Quando escolhi o apelido, foi por causa de minha infância. No começo, eu não conseguia evitar ver ou impedir os pensamentos deles de entrar na minha mente. E aquilo me atrapalhava muito.

Jugernaut diz: Um dia lendo uma revistinha eu descobri esse personagem. Ele era um vilão, mas o mais legal é que tinha um capacete protetor contra ondas mentais. Então, eu contei pra minha mãe o que eu sentia e ela disse que eu podia fazer isso, não precisava aceitar tudo o que tentava entrar na minha cabeça.

Princesinha diz: que loco...

Jugernaut diz: Ela disse que eu era dono da minha cabeça, que era eu que mandava. Então fiquei com esse apelido pra lembrar disso.

Princesinha diz: mas e a minha pergunta? como vc abriu justo naquele pedaço?

Jugernaut diz: Há espíritos que querem nos ajudar. E uma maneira deles fazerem isso é mandando recados, que não precisam ser, nem aparições, nem psicografias (mensagens escritas por eles), mas podem ser indicações de livros ou páginas aparentemente abertas ao acaso.

Princesinha diz: bom, seja como for, acertou em cheio... mto obrigada, viu?

Jugernaut diz: De nada.

Depois de teclar mais um pouco, Bruna desligou o micro com uma sensação agradável, sentia-se bem como há muito tempo não conseguia. Jugernaut. Gostaria de conhecer esse cara.

– Sexo se consegue.

– Amor e compromisso, isso sim é mais difícil.

A conversa na mesa ao lado chamou a atenção de Rogério, que tomava um café solitário antes de ir para casa. Isso o levou de volta à conversa com Dena, à sua pergunta e à resposta dada por ela: "O sexo tem uma função em nossas vidas?" "Ele não é considerado impuro, pecado, ou algo assim?" "Claro que não!"

Não transava desde a semana que antecedeu o rompimento com Marjorie. Sexo para ele era algo muito importante e sabia que era fácil de conseguir. Ele era uma cara 'boa pinta', com um bom ganho mensal, um bom carro. Mulheres a fim não faltavam.

No entanto, ao pensar isso, tinha a sensação de falar de mercadorias, não de pessoas. E – algo que nunca tinha pensado – ocorreu-lhe que, ao transformar as mulheres em mercadorias, ele também se fazia uma mercadoria. Tudo virava um grande rodízio, e não era isso que planejava para sua vida.

Afinal, exibir um bom carro e uma boa roupa, concorrer com outros homens pela atenção das mulheres era muito parecido com o que ele fazia o dia todo no trabalho, conquistando e satisfazendo clientes. Qual era a diferença?

"A diferença é que as pessoas se machucam nesse jogo" – foi a frase que ele ouviu dentro de sua cabeça. E que continuou: "As pessoas não são coisas e sofrem quando se tornam coisas, seja perante si mesmas, seja perante as outras."

Pensou em Deninha. Ela era tão inteligente, tinha aquele ar inocente-malicioso que o atraía. Será que ele devia tentar uma aproximação romântica? Com aquele jeito sério de 'cdf' e 'professora de centro espírita', ela não parecia ser do tipo que iria querer apenas sexo...

A ideia do casamento com Marjorie, embora ele a mantivesse distante, sempre lhe havia proporcionado a sensação de que caminhava para algo estável e duradouro. Gostava de estabilidade. Queria compromisso, não queria simplesmente ter sexo 'por aí', cada hora com uma pessoa diferente.

Mas a ideia de passar o resto de sua vida fiel a uma única mulher, no fundo, o assustava. E se se cansasse? E se quisesse variar? Sabia que conseguia viver com Marj apenas uma parte das suas fantasias e dos seus fetiches. E não estava pronto para abandoná-los.

– O que foi aquilo, Alex?

– Foi um pensamento intuído, não viu?

– Vi e compreendi o que quis fazer... – assentiu Lua Vermelha.

– Rogério precisava dele, embora não soubesse...

– "Pessoas não são coisas." Está muito correto. Como as pessoas viram coisas? Já pensou nisso?

– Bem, acho que perdem a noção do valor de si mesmas... – respondeu Alex, pensativo.

– As pessoas viram coisas quando não são compreendidas como iguais, como seres igualmente dignos, igualmente sensíveis. O curioso é que se pode pensar que fazemos isso apenas com os outros. Isso, porém, é parcialmente verdadeiro. Pois, de certa forma, fazemos o mesmo conosco próprios, e na mesma medida em que fazemos com os outros. No fundo, sempre enxerguei aqui uma espécie de justiça...

– Não entendo aonde quer chegar.

– É muito fácil confundir a felicidade, que é aspiração do ser imortal, com o prazer imediato. Sem a perspectiva da felicidade que advém da vivência em harmonia, sem uma visão de futuro, é muito comum o ser humano viver preso às ideias de conquista do que pode satisfazê-lo hoje, satisfazê-lo amanhã. Essa busca revela-se bastante vazia, com o passar do tempo...

– Por isso falou de justiça?

– De certo modo, é um ciclo que se repete. Se eu uso o outro como objeto de prazer, torno-me um objeto de prazer. Reduzo-me a parceiro eventual, posso esgotar minhas energias físicas e emocionais nisso... Enfim, é uma escolha que muitos fazem.

– Mas será que as pessoas não se iludem, achando que, no fundo, estão encontrando mais que uma transa?

– Em muitos casos, iludem-se. Mas não amenizam sua solidão. Não é regra geral, mas muitas das pessoas que procuram parceiros na *internet* têm experimentado essa realidade. Como é muito mais fácil conhecer uma multiplicidade de potenciais parceiros em pouco tempo usando uma conexão com a rede, é comum passar-se facilmente de um para outro sem lembrar que o outro é um ser inteiro, com sensibilidade e com necessidades.

– Torna-se mais fácil e seguro descartar as pessoas...

– É também mais fácil fazer-se descartável.

– E talvez – completou Alex – entre aqui novamente o medo de não serem felizes.

– Mais que isso, meu caro. Entra aqui uma ilusão sobre o que é a própria felicidade.

– E o que ela seria, irmão?

Basta, a cada dia, o seu cuidado

Mt 6,34

Não ter notícias de Marcelo há praticamente 24 horas era o máximo que Marjorie conseguia suportar. Ele, contudo, ainda estava pensando no que dizer, quando ela ligou, muito cedo na manhã de terça-feira:

– Marcelo? Marj. Por que não me ligou? Não ficou de ligar?

– *Fiquei... desculpe... peguei no sono cedo.*

– E então? Qual foi o resultado?

– *Nada demais...*

– Como "nada demais"? Ou não é nada, ou é alguma coisa.

– *É um probleminha que apareceu no exame. Nada demais, o médico disse que não deverei morrer disso* – completou Marcelo, tentando rir. – *Ele me receitou um remédio e disse pra eu ficar sem lutar por uns tempos. Só isso.*

– Tem certeza? Os sintomas pareciam mostrar algo mais sério...

– *Fica sossegada.*

– Viu, fiz brigadeiro recheado ontem, enquanto esperava notícias. Não quer ir lá em casa e ver como ficaram bons?

– *Ahn!... Bom... Vou, sim. A que horas?*

– Chego por volta das seis e meia. A partir daí, a hora que você quiser aparecer será ok.

Marjorie desligou estranhando o modo como Marcelo conversou ao telefone. Parecia sonolento, ou alheio, ou preocupado... Algo lhe dizia que poderia estar ocultando algo dela, possivelmente para poupá-la.

Quando mais tarde guardou o carro na garagem e entrou em casa, sentia uma espécie de febre adolescente. Tinha achado o dia muito comprido, não aguentava mais esperar para ver Marcelo.

Era como se se perguntasse "por onde andava esse cara em todos esses anos"?

Ainda pensava em Rogério, mas, agora, de outra forma. Pensava nele como alguém com quem gostaria de 'acertar os ponteiros' num futuro próximo, mas não planejava reatar o namoro. Sua atitude havia sido imatura e prepotente. Ao não ouvir o lado dela, o ex-namorado prejulgou e condenou sem apelação.

Marcelo, por outro lado, era jovial, apaixonado, carinhoso. O fato de precisar, talvez, de cuidados, dava-lhe mais vontade ainda de ficar por perto.

Quando a jovem entrou na cozinha, Assunta terminava de despejar o suflê de chuchu no refratário, antes de colocar no forno.

– Mãe, o Marcelo vai vir aqui.

– É?

– Sim. Chamei pra comer brigadeiro recheado.

– Seria bom ter uma bebida. Quer que faça um suco ou chá gelado?

– Chá gelado. Cidreira com limão. Pode sair um?

– Lógico.

Marjorie notou que a mãe agia diferente. Esperava uma sequência de perguntas sobre o que o Marcelo vinha fazer, se tinha algo entre os dois, se era sério...

– O Marcelo foi ao médico, ontem. Fiquei preocupada – explicou a filha.

Assunta abriu a geladeira, retirou um pote com molho para salada e distribuiu algumas colheradas sobre a alface.

– Como ele está?

– Não sei. Vou procurar saber hoje. Creio que ele está escondendo seu estado de mim...

– Por quê?

– Não sei dizer. Ele está só... diferente.

– Quando ele chegar, você poderá ver com seus próprios olhos. Por que não vai tomar um banho? O jantar está quase pronto e seu pai já está voltando da padaria...

Marjorie foi para o quarto sem entender o que sua mãe tinha. Sem dúvida, algo estava diferente também com ela. Mas preocupava-se agora em ficar bonita e perfumada para receber o amigo tão querido.

Aquela terça-feira havia reservado uma supresa para Túlio. Ao entrar em sua sala, encontrou uma Bruna transfigurada. Os botões abertos no decote do vestido revelavam roupas íntimas de renda preta, suas preferidas. Os cabelos soltos caíam displicentemente sobre os olhos e um sorriso malicioso insinuava promessas de carinho e prazer ilimitados. Ela o chamava com seu dedo indicador, enquanto se afastava e sentava sobre a mesa.

– O que é isso? – perguntou o rapaz.

– Eu amo você. Não posso viver sem você. Você é o único homem que me entende. O único que realmente se importa comigo. E eu sei que você me quer...

– Você só pode estar doida! Feche esse vestido! Rápido!

– Vem fechar... se for capaz...

Bruna deixou a roupa revelar seus ombros, sua pele lisa e perfumada.

Túlio, perplexo, teve impulso de abraçar aquela cintura e submergir no oceano de beijos apaixonados. Despertou, porém, a tempo de seguir a razão, lembrar-se de quem era e de onde estava.

– Vista-se, Bruna, ou nós dois estaremos encrencados!

– Eu quero que você me prove... Me prove que não me ama mais. Ou então, admita que me ama e volte pra mim. Sem meio termo.

– Sua louca! Você precisa se tratar!! Isso é uma doença! Uma compulsão! – disse o rapaz, puxando o vestido para cima e abotoando.

Os ruídos na sala, porém, tinham sido ouvidos por Américo, que passava pelo corredor e entrou sem avisar, flagrando os dois numa atitude que poderia perfeitamente ser interpretada como uma cena de relacionamento íntimo.

Bruna, perturbada pela surpresa do acontecido e sem saber o que fazer, fechou o vestido e saiu correndo. Seguiu para o banheiro do andar, onde entrou e começou a chorar.

Américo perguntou ao colega o que tinha ocorrido e se podia ajudar, mas seus olhos revelavam um brilho de triunfo. Afinal, era a oportunidade que ele vinha esperando durante anos, de puxar o tapete do advogado mais prestigiado da firma e assumir o cargo dele. E esta oportunidade era-lhe entregue de bandeja como um prêmio por sua paciência e determinação.

– Está tudo bem, acho – disse Túlio –, mas é melhor ver como essa louca está. Ela precisa de ajuda, precisa de médico.

– Como?

– Quando entrei, ela começou a se atirar pra cima de mim, dizer coisas absurdas. Eu pedi que parasse, mas ela não parecia estar ouvindo.

– Fique calmo, Túlio. Tudo vai se resolver.

Túlio arrancou o paletó, afrouxou a gravata e sentou-se, ainda sem saber o que pensar e o que fazer, enquanto Américo saía porta afora.

– Você pode me dizer o que é que está havendo? – perguntou Alex ao seu instrutor.

– Bruna está repetindo um padrão – explicou Lua Vermelha, sem mostrar alteração de ânimo.

– Como? Só isso? Você viu bem o que houve?

– Tanto quanto você.

– Não estou tão certo disso... E quanto ao Jugernaut? E o lado espiritual, que parecia estar surgindo, por meio das conversas com esse novo contato?

– Não é tão simples, assim. Bruna precisa de ajuda e de tempo. Seu íntimo encontra-se em grande confusão – explicou Diógenes.

Alex parecia inconformado:

– Acho que a carreira de Túlio pode sofrer um golpe. Um dos dois pode ser demitido. O tal Américo pode levar a melhor. E você age como se fosse a coisa mais normal do mundo?

– Essas coisas acontecem com frequência. Por todo o mundo. Pessoas reagindo segundo padrões emocionais aprendidos. Bruna aprendeu há séculos esse esquema de dependência emocional. Está viciada nele. Ela percebe que um homem lhe dedica alguma atenção ou interesse e se atira para ele com tudo o que tem, como se fosse o seu 'salvador'. E, quando não tem nenhum em vista, sente-se perdida e desvalorizada, quando então ela põe em ação o 'plano B' e vai às compras para se sentir um pouco melhor...

– Ela não tem noção do próprio valor? Ela não gosta de si mesma?

– Ela busca, desesperadamente, companhias que afirmem suas qualidades e sua importância como ser humano.

– Mas esses homens não se importam realmente com o ser humano que ela é. Exceto Túlio, pelo que estou percebendo – observou Alex.

– Bruna se envolve em casos passageiros, usando o fato de ser uma mulher extremamente atraente para os padrões atuais no Ocidente. Ela conquista usando seus dotes físicos, crente que irá, ao mesmo tempo, encontrar companheirismo, parceria, amizade, compromisso, o que acaba não acontecendo, e ela não compreende por quê. Então, compensa isso comprando coisas que, segundo pensa, vão deixá-la mais bonita, mais atraente, mais apta a conseguir novos relacionamentos...

– É um círculo vicioso.

– Bem, as questões da alma não são assim tão simples, como eu disse, mas este é só um esquema básico.

– Ela tem a tia que a ama de verdade. E que só não cuida mais da sobrinha porque está doente...

– A presença da tia Maria significa o porto seguro providencial, um ponto de equilíbrio entre os delírios consumistas e eróticos a que Bruna vem se entregando. Em breve, a tia lhe exigirá mais a presença, e ela, então, poderá adquirir outros valores...

– E esses tais padrões, de que se trata?

– São as emoções aprendidas, formas condicionadas de reagir. Bruna se deprime quando se dá conta de que "não tem ninguém". Tenta resolver isso indo, como dizem por aí, "à caça". Obtém um alívio passageiro. Na próxima crise, ela vai fazer a mesma coisa. Até aprender a fazer diferente, até abandonar esse padrão...

– Isso que você está dizendo é a base da educação emocional, não é? Quer dizer, se as emoções foram aprendidas, elas podem ser modificadas...

– Emoções naturais (afeto, medo, raiva, alegria, tristeza) são espontâneas. Elas, de certa forma, estão presentes nos animais superiores. Já emoções aprendidas são condicionadas. Depois que desenvolve hábitos de ter certos comportamentos para se sentir bem, o ser costuma criar 'esquemas' para prosseguir se sentindo bem, e os repete, enquanto funcionam.

Ambas, as espontâneas ou as aprendidas, porém, podem responder a comandos conscientes. O trabalho de educação emocional consiste em reconhecer e nomear aquilo que sentimos, perceber quais são as reações desejáveis e indesejáveis e adquirir o controle sobre elas. Não que seja fácil e rápido, mas é perfeitamente factível.

– Vou vibrar para o bem dela. E de Túlio... E de Marcelo, também. – concluiu Alex, fechando os olhos.

– Faça isso. Tem um outro aspecto que você precisa conhecer. É que nossos padrões de emoção contituem nossa atmosfera vibracional, que atrai seres que com eles se afinizam.

– Você está falando de obsessão...

– De todo tipo de influência espiritual. A obsessão é uma influência persistente, que pode requerer ajuda para que o obsediado se liberte dela. Mas a influência espiritual ocorre em toda parte onde seres espirituais e encarnados externam suas formas de pensar e sentir, e pode ser também passageira.

– Existe influência espiritual atuando, no caso de Bruna?

– Qual é a sua impressão a respeito?

– Bem... agora que falou nisso... Sim, certamente. Noto uma certa semelhança entre os espíritos que dela se aproximam. Me refiro aos inferiores, não àqueles que estão aptos a ajudá-la.

– Como eles são?

– Sensuais, interessados em prazeres relacionados ao sexo e à vaidade. Eles a vampirizam, certo?

– Também. Mas, sobretudo, eles 'entram na sua mente' e ali implantam pensamentos, que ela acolhe como se fossem próprios. A ausência de firmeza moral e de fé nas potências do bem a vem deixando muito fragilizada, à mercê dessas influências, que é incapaz de reconhecer. E é aqui que entra Jugernaut.

– O amigo da *internet*?

– Eu gostaria de aproveitar esta oportunidade que está surgindo, já que ela se sentiu bem conversando com ele e parece iniciar um vínculo de amizade e confiança. – explicou Diógenes Lua Vermelha.

– Como médium, ele pode ser um veículo para que nós enviemos a Bruna algumas boas sugestões.

– Mas – perguntou Alex, ressabiado – isso não é interferir?

– Não. Porque nós apenas deixaremos a mensagem. Ela será livre para fazer com ela o que bem entender.

– Que bom que você resolveu vir – disse Marjorie, animada ao abrir o portão para Marcelo.

– Está brincando? Você falou em brigadeiro recheado! Como eu não viria?

Marjorie deu um sorrisinho e o rapaz continuou:

– Brincadeira, gata. Eu viria de qualquer jeito, por você.

Um selinho, e ela o puxou pela mão.

– Então, entra...

Assunta apareceu para cumprimentá-lo:

– Como vai, meu querido? Já jantou?

– Já, sim, obrigado.

– Fiquem à vontade. Filha, se precisar estou no quarto assistindo a um filme com seu pai.

– Ok, mãe.

E, virando-se para Marcelo, Marjorie buscou penetrar fundo em seu olhar para desvendar o que de fato estava acontecendo.

– Está tudo bem, mesmo?

Marcelo segurou-a pela cintura e deu-lhe um beijo demorado e úmido. Ainda não se sentia confortável com o diagnóstico médico, mas não tinha por que preocupar ninguém.

– Está tudo bem.

– Tem uma coisa que eu queria dizer...

– Pode falar.

Marjorie hesitou, começando a acariciar as costas da mão de Marcelo com as costas das suas próprias mãos. Queria falar de seus sentimentos, mas não queria que o moço pensasse que ela só estava gostando dele porque Rogério rompeu com ela. (Ou seria por isso, afinal?)

– Tudo ainda é muito recente pra mim. Tenho pensado no que ocorreu nestas duas semanas e uma coisa ficou clara: você foi uma descoberta pra mim...

– Como, descoberta?

– Eu tinha uma ideia sobre você. Quando o vi pela primeira vez – lembra que fomos apresentados pelo Rogério, num *rèveillon*?

– Claro...

– Bom... o que ele falou sobre você naquele dia ficou registrado como primeira impressão. E ele disse que você era um cara superficial, que não levava nada a sério, mas que era divertido e animava toda a turma. Não achei isso negativo, naquele momento, mas com o tempo e os comentários dele, fui formando uma impressão não muito favorável de você.

– Belo currículo! – comentou Marcelo, gargalhando.

– Então... – Marjorie fez uma pausa. – Bem... Eu nunca me dei ao trabalho de checar se isso era verdade. Você nunca foi como os outros, pra mim, pois mexia muito comigo. Mas eu estava comprometida e não queria saber de mais nada, a não ser de meu futuro casamento com Rogério.

Marcelo dedicava especial atenção a cada palavra e gesto da jovem, que parecia embaraçar-se com o que desejava dizer.

– No dia da festa da Dena, eu já estava um tanto perturbada por coisas que tinham ocorrido e também que Túlio tinha falado. Ninguém percebeu como eu me sentia, até que você apareceu, meigo, amigo... Eu ali enxerguei um outro Marcelo. Um cara sensível e realmente interessado em mim, atento aos meus problemas. Alguém que estava sendo o que o Rogério não era.

– Você demorou pra entender a diferença entre a gente, né?

– É – admitiu a jovem, sorrindo e desviando o olhar. – E não paro de pensar em você, desde aquele dia. Quando soube que passou mal, então, tudo o que pensava era em estar ao seu lado.

– Marj, você aceitaria ser minha namorada? Bom, eu não sou o cara perfeito, o fato de começar a enxergar minhas qualidades não vai fazer meus defeitos deixarem de existir.

Ambos riram e Marcelo continuou:

– De uma coisa você pode ter certeza: eu sou isso aqui, nem melhor, nem pior, mas sou muito apaixonado por você.

Os dois abraçaram-se ternamente e compartilharam outro beijo demorado, apaixonado, experienciando os primeiros momentos de uma nova condição, de ser um casal, de dedicar seus sentimentos, atenção e lealdade um ao outro.

Américo havia espalhado sua própria versão dos fatos que precederam a cena vista no escritório do colega. Pouca vergonha. Assédio sexual. Uma conduta inaceitável em um grupo de respeito e tradição.

Na quarta-feira após o almoço, aconteceu o que Túlio já esperava. Ele foi chamado à sala de Cerqueira e sabia que a conversa seria difícil.

Quando abriu a porta, viu um homem seriamente constrangido com a situação inescapável que havia sido criada. Cerqueira pigarreou, levantou-se de sua mesa e ofereceu uma poltrona ao promissor advogado no qual a empresa vinha depositando muitas esperanças. Após sentar-se na outra, ele abriu o jogo:

– Você deve saber por que o chamei. Mas, antes de dizer algo, eu gostaria de ouvir o seu lado da história.

Túlio não esperava falar primeiro. Com sua experiência nas lides jurídicas, tinha preparado uma série de justificativas contra as acusações que pensou que lhe seriam dirigidas. Cerqueira, contudo, era conhecido como um homem correto e íntegro, então imaginava contar com sua imparcialidade.

– Doutor Cerqueira, nem sei por onde começar. Bem, a Bruna e eu nos conhecemos aqui, nos apaixonamos, namoramos e moramos juntos por três anos. Brigamos e nos separamos em maio de 2006.

Depois disso, procurei manter-me distante, num relacionamento estritamente profissional. Para ser sincero, raras vezes nos encontramos desde então, já que trabalhamos em andares diferentes. Mas minha assistente entrou em férias e ela foi designada como substituta.

Túlio procurou ser cuidadoso com as palavras, não desejava colocar-se em situação difícil, mas também não pretendia prejudicar a ex-namorada.

– Parece que a Bruna enxergou esse fato como uma oportunidade de aproximação, de talvez reatarmos nosso namoro. Embora eu viesse tentando falar com ela apenas sobre trabalho, ela insistiu em introduzir o assunto do nosso relacionamento e em demonstrar suas intenções em relação a nós. Intenções que nunca foram as minhas... – Túlio fez uma pausa, tentando vislumbrar a reação do patrão.

Cerqueira aproveitou o silêncio para expressar sua opinião:

– Bem, isso parece desqualificar a sua conduta como assédio sexual, o que estava me preocupando muito, pela gravidade e implicações. Mas, ainda assim, o que ocorreu é inadequado para o ambiente profissional.

– Sem dúvida! E o senhor pode estar certo de que nunca mais acontecerá.

– Ocorre que a diretoria não está contente com isso, é uma conduta a ser desestimulada. Eles estão querendo transformar vocês em um exemplo do que pode ocorrer quando as regras do decoro são quebradas.

– Que quer dizer, doutor?

– Que eles exigem que um de vocês dois seja demitido.

A fala do diretor acertou Túlio com uma pedrada no peito, que deixa sem ar a pessoa atingida.

– C-como?

– Quer dizer que uma decisão será tomada em breve e que um dos dois será desligado de nossos quadros. Eu deveria decidir isso sozinho e comunicar minha decisão, mas não me pareceu ser atitude digna do respeito profissional que você conquistou aqui na empresa, desde que chegou até agora.

O rosto de Túlio permaneceu impassível, mas um tumulto de pensamentos não permitiu que ele ouvisse mais nada. Quando Cerqueira se levantou, ele fez o mesmo automaticamente e saiu, tentando aparentar algum controle.

Voltou para sua própria sala, com uma sensação de transitoriedade e de impermanência. O "cubículo de luxo" de que ele costumava se queixar, afinal, não era tão ruim... Não agora, que estava incerto quanto ao seu futuro naquele emprego.

Minutos depois, uma Bruna aparentemente calma e recomposta, após uma noite de sono, pede licença e entra. Túlio pede-lhe que não feche a porta e que fique longe. Ela, então, senta-se diante da mesa e aguarda que ele queira falar:

– O Cerqueira me chamou. Ele entendeu que não se tratava de assédio sexual. Ao menos, parece que acreditou na minha versão...

– Mas se ele demonstrou isso, não entendo por que você está tão transtornado.

– Eles não podem admitir esse tipo de conduta na empresa. A diretoria quer a cabeça de um de nós dois, como forma de punição exemplar...

– Hein? Não entendi...

– O Cerqueira está sendo pressionado a demitir um de nós dois. Será uma mensagem para que ninguém mais pense em fazer o que fizemos.

– Mas você não pode ser demitido! Você não fez nada! Eu é que entrei aqui, me ofereendo pra você. O certo é que eu seja demitida.

– Não!! Você não pode ficar sem emprego! Eu, com meu currículo, posso até conseguir um trabalho muito bom aí fora. Mas você, você não pode ficar desempregada! Ainda mais, com a tia Maria nesse estado... Como ela está?

– Às vezes, bem, outras vezes, esquecida. Tem vezes que não me reconhece... Mas isso não tem nada a ver com o que ocorreu aqui. A culpa foi minha e eu quero assumi-la.

Túlio não esperava aquela atitude de Bruna, que o levou a sentir certo grau de admiração pela mulher em quem estava acostumado a enxergar só dotes físicos e defeitos morais. A jovem, então, teve um gesto mais surpreendente ainda. Percebendo que Túlio tinha sobre sua mesa um exemplar de *O evangelho segundo o espiritismo*, ela o pegou, segurou-o entre as mãos, fechou os olhos como se conversasse com o invisível e abriu-o ao 'acaso'.

Leu então o trecho seguinte, em voz alta:[17]

---

[17] KARDEC, 2002, pp.334-335.

> Quando considero a brevidade da vida, dolorosamente me impressiona a incessante preocupação de que é para vós objeto o bem-estar material, ao passo que tão pouca importância dais ao vosso aperfeiçoamento moral, a que pouco ou nenhum tempo consagrais e que, no entanto, é o que importa para a eternidade. Dir-se-ia, diante da atividade que desenvolveis, tratar-se de uma questão do mais alto interesse para a Humanidade, quando não se trata, na maioria dos casos, senão de vos pordes em condições de satisfazer a necessidades exageradas, à vaidade, ou de vos entregardes a excessos. Que de penas, de amofinações, de tormentos cada um se impõe; que de noites de insônia, para aumentar haveres muitas vezes mais que suficientes! Por cúmulo de cegueira, frequentemente se encontram pessoas escravizadas a penosos trabalhos pelo amor imoderado da riqueza e dos gozos que ela proporciona, a se vangloriarem de viver uma existência dita de sacrifício e de mérito – como se trabalhassem para os outros e não para si mesmas!

– O que está fazendo, Bruna?

– Aprendi isso anteontem. Buscar orientação num livro.

– Sério? Sabe que isso já funcionou comigo, uma vez?

– Está dizendo que pensar em fazer o bem, em evoluir moralmente precisa vir antes das preocupações sobre ganhar dinheiro. Era o que eu precisava ler, Túlio.

– Quê?! Como, assim?

– Não é hora de pensar no meu salário, mas no que é certo fazer... Vou lá pedir pro Cerqueira me mandar embora.

– Não seja maluca! Você não pode!

– Posso, sim. E há muito tempo não me sentia tão segura de alguma coisa.

– Você está sendo egoísta. Pense na falta que seu salário vai fazer no orçamento da casa. A pensão da tia Maria mal dá pra ela.

– Chega, Túlio! Chega! Eu não vou deixar você se prejudicar. Fui eu que agi como uma idiota e vou arcar com as consequências.

– Espere! Pelo menos, não faça isso já. Talvez encontremos alguma solução.

– Não tem outro jeito – disse a moça, levantando-se e indo em direção ao gabinete de Cerqueira, seguida pelo ex-namorado.

Cerqueira vinha andando calmamente pelo corredor onde mais pessoas passavam.

– Doutor Cerqueira! Eu me demito – disse ela, antes de ter tempo para pensar melhor no que estava fazendo.

– O que disse, minha filha? – indagou o velho empresário, perplexo.

– Eu quero assumir a responsabilidade pelo que ocorreu ontem. A conduta imprópria foi minha. O doutor Túlio não teve culpa nenhuma. Eu tentei seduzi-lo, ele se esquivou das minhas tentativas, eu insisti. Foi isso que aconteceu. Por favor, não posso mais ficar aqui. Estou muito envergonhada.

Cerqueira guardou um silêncio de alguns segundos, para depois ordenar:

– Vá ao departamento pessoal para que seja feita a rescisão. Ah! E independente de qualquer coisa, saiba apreciei seu gesto, assumindo seus erros. – disse ele, claramente para ser ouvido por todos os que tinham parado pra assistir à cena.

Túlio ficou parado ao fundo, tentando assimilar tudo aquilo. Bruna obedeceu à ordem que lhe havia sido dada. Aos poucos, os demais funcionários retomaram seus afazeres.

Quando ela retornou à sala para pegar suas coisas, Túlio a esperava. Houve um momento de silêncio que se prolongou, em que eles se olharam. Depois, o advogado se aproximou da jovem, segurou-a pelos braços e, como se fosse a coisa mais natural a ser feita, ele lhe deu um longo beijo na boca, sem se importar com quem mais estivesse presente.

– Se precisar de alguma coisa, me liga – disse ele. – Qualquer coisa, pra você ou pra tia Maria, certo?

– Você é um homem muito bom. Me protegendo, apesar de conhecer tantos defeitos meus. Espero que você tenha muito sucesso na sua carreira e na sua vida.

– Vou querer encontrar você, fora daqui.

– A gente se vê – garantiu Bruna, colocando a bolsa no ombro e pegando uma pequena sacola com objetos pessoais de sua mesa.

Quando ela saiu, Túlio se deu conta do espaço vazio que ela deixava no escritório... e nele próprio.

No final da tarde, Deninha escutou a mãe falar com Eulália ao telefone. Estava separando trechos de livros para mostrar ao Rogério, com quem tinha combinado prosseguir, à noite, seus estudos espíritas. A amiga da mãe contava que, conforme ouvira de Assunta, Marjorie e Marcelo estavam oficialmente namorando, o que incentivava a estudante de psicologia a demonstrar mais ainda seu desejo de um romance com Rogério.

As coisas pareciam tomar o rumo que ela mais queria. Quando Rogério chegou, perto das vinte horas, ela não resistiu ao impulso de lhe falar o quanto antes.

– Soube da novidade? A Marj e o Marcelo estão namorando.

Rogério ficou parado alguns instantes, absorvendo as palavras ouvidas, para depois concluir:

– Fazem muito bem. Devem ter sido feitos um para o outro.

– Credo, Rogério! Quanto ressentimento!

– Ressentimento?! De modo algum! Eu sinto a dor de ter sido enganado, de ter perdido oito anos da minha vida com aquela sem-vergonha.

– Calma! Você diz isso agora, mas não pensa realmente assim...

– Penso, sim!

Deninha ficou um tanto chocada com o jeito de Rogério falar. Não se parecia com ele, sempre racional, comedido.

– Olhe, vamos falar de outra coisa – sugeriu ela. – Vamos nos concentrar nos estudos?

– Acho melhor, mesmo...

– O que você leu, esta semana?

– Ahn! Você não vai fazer uma prece pra gente começar? Acho que seria bom...

Deninha atendeu à solicitação de Rogério, dirigindo aos espíritos amigos um pedido de calma, lucidez nas leituras e aprendizado.

Depois o moço disse que estava interessado no tema da reencarnação:

– Quer dizer que eu posso ter sido muitas pessoas no passado e não me lembrar de nada?

– Cada vez que o espírito conquista uma nova chance de reencarnar, a finalidade é que ele se melhore, supere problemas, aprenda a ser alguém melhor. Lembrar do que fez ou do que outros lhe fizeram não ajudaria.

– E não podia se melhorar lembrando ao mesmo tempo de seu passado?

– Seria muito complicado. Reencarnamos, muitas vezes, próximos de pessoas que foram nossos algozes ou nossas vítimas. Renascemos como irmãos ou como pai e filho. Como poderíamos conviver com nossas lembranças e, ao mesmo tempo, exercitar uma boa convivência, vivendo os valores da compreensão, da aceitação, do companheirismo?

– Seria bem mais difícil. Mas eu gostaria de saber quem fui.

– Eu não ligo para isso. Não acho que o que fui é tão importante, mas sim o que estou querendo ser no presente. Todos temos coisas de que nos arrependemos, mesmo nesta vida. O fato de nos arrependermos significa que não somos mais aquela pessoa do passado.

– Dena... E quando não gostamos de algo, mas continuamos fazendo?

– Como o quê?

– Hábitos que a gente não consegue deixar, por mais que incomodem.

– Ainda não entendo... Você está falando da dieta que tem feito?

Não era bem nisso que Rogério pensava, mas achou a saída perfeita.

– Sim, isso mesmo.

– É preciso querer realmente abandoná-los e empenhar nisso toda a sua vontade e todo o seu pensamento.

Dena continuou explicando, mas Rogério estava voltado para dentro de si mesmo e não mais ouvia o que ela falava.

Túlio sentia extrema necessidade de conversar, precisava colocar pra fora o que estava pensando e sentindo, e também queria ouvir o que o melhor amigo tinha a dizer. Por isso, ele telefonou para Rogério, mas o celular estava desligado.

Por volta das dez e meia da noite, conseguiu enfim contatá-lo:

– Posso ir até sua casa?

– *Agora? Claro! Aconteceu alguma coisa?*

– Aconteceu. E tem a ver com a Bruna, de novo.

– *Não acredito! O que ela aprontou desta vez?*

– Prefiro contar pessoalmente. Estou indo praí.

– Daqui a pouco estarei em casa. Se chegar primeiro, me espere.

Ao chegar, Rogério viu que o carro de Túlio já estava estacionando. Cumprimentaram-se com um aperto de mão breve.

– Eu estava na Dena – explicou o jovem empresário, enquanto abria a porta de casa.

– Vocês estão de rolo?

– Não é o que está pensando... Estamos estudando espiritismo.

– Sério?

– Por quê? Eu não posso me interessar por assuntos desse tipo?

– Nunca vi você querer saber de nada disso.

– Concordo com você. Mas todo mundo muda... Eu posso mudar, também. O que houve?

Enquanto abria e fechava a porta de casa, Rogério ouvia o desabafo do amigo:

– A Bruna dessa vez me surpreendeu, mesmo. Ela se superou! Primeiro chegou se atirando pra cima de mim, criou uma situação complicadíssima no escritório...

O advogado contou todos os detalhes de que se lembrava, até o ponto em que a 'ex' pediu demissão diante de vários colegas.

– Uau! Por essa ninguém esperava.

– Então! Muito menos eu! Parecia uma outra pessoa, ali, diante de mim. Assumiu a responsabilidade, disse que queria fazer o que era certo. Não me deu chance de fazer nada, exceto assistir.

– Ela estava decidida.

– Por um momento, ela se pareceu com a mulher que eu conheci um dia. Com a mulher que eu poderia amar, viver junto...

– Quer dizer que o que ela fez hoje apagou todos os dissabores que ela causou no passado? Não estou entendendo...

– Quero dizer que é preciso cuidado antes de julgar a Bruna. Eu passei muito tempo usando minha raiva como justificativa pra dizer que ela é uma galinha, uma piranha. Mas ela é mais que isso. Ela abriu mão de um emprego de tanto tempo, só pra não me prejudicar...

– Calma, Túlio. Isso pode ter sido calculado. Ela pode estar pensando em obter algo com essa atitude.

– Conseguir o quê?

– Ter você de volta.

– Ela não jogaria com o emprego dela, por minha causa.

– Ela é maluca, esqueceu?

– Estou achando que ela não é tão maluca assim. Estou achando que ela tem alguns problemas. E que precisa de ajuda. Ajuda profissional... ajuda espiritual... sei lá!

– Que ideia! De onde tirou isso?

– De umas coisas que tenho lido.

– Me conte com mais detalhes.

– O comportamento dela. É contraditório, incoerente. Uma hora, ela é baixa e egoísta. Depois, é responsável e, até certo ponto, nobre. Ela é capaz de usar toda a grana dela em roupas caras inúteis, mas também fica toda endividada para não faltar remédios pra tia dela. Ela é capaz de transar com um desconhecido na *internet*, enquanto está morando comigo, mas depois, ela é capaz de dar a cara a tapa pra proteger meu emprego... Foi um ato de grande dignidade e desprendimento. Não pode ser normal uma pessoa agir assim, ora como se não tivesse moral nenhuma, ora como se tivesse altos princípios de conduta.

O comentário deixou Rogério inquieto. Algo naquela conversa tocava em pontos delicados para ele. Mas ele disfarçava bem, ofereceu um copo d'água ao amigo e sentou-se para ouvi-lo com toda a atenção. O nervosismo, porém, fê-lo suar nas mãos e molhar levemente a camisa social impecavelmente alva, mesmo depois de um dia inteiro de trabalho.

Ofereceu a Túlio, contudo, toda a atenção que conseguiu, num momento tão delicado para o amigo...

SÃOS NÃO NECESSITAM DE MÉDICO

Mt 9,12

Quinta-feira havia outro tipo de reunião mediúnica no GEUB, onde eram atendidos casos de pessoas obsediadas, isto é, fortemente influenciadas por espíritos perturbadores.

Cleide era a dirigente dos trabalhos, em geral voltados a situações específicas para os quais familiares ou pessoas próximas pediam ajuda espiritual.

Naquele dia, a rotina foi alterada. Percy sentiu a aproximação de um espírito bastante determinado, avisou que iria deixá-lo falar e iniciou a comunicação.

– Sempre consigo o que quero. Não vão me impedir.

– Seja bem-vindo, amigo – disse Cleide, com inflexão terna.

– Não sou amigo. Não tenho amigos.

– Fique à vontade. Se mudar de ideia, conte com nossa amizade.

– O que pensam conseguir de mim?

– De que precisa?

– Voltar lá. Por que me trouxeram?

Cleide procurava perceber qual era a condição do irmão desencarnado e também envolvê-lo em vibrações amorosas.

– Para oferecer ajuda e alívio. Está precisando de algo?

– Do que tinha lá. De estar perto dela.

– Ela, quem?

– A loira bonita.

– O que ela lhe possibilita?

– Excitação. Prazer.

– Como?

– Ela não sabe disso, mas gosta mesmo é de mim.

– De você?

– Eu a deixo louca. Eu dou ideias, ela executa.

– Isso não me parece correto.

– E o que é correto? Trazer-me aqui contra minha vontade? Com que direito fazem isso?

– Não fomos buscá-lo, mas está aqui por alguma razão. Deus está lhe dando uma oportunidade.

– Que não pedi.

– O Criador é misericordioso, adivinha nossas necessidades.

O espírito começou a sentir fadiga, como se lhe pesasse pensar e falar. Cleide notou e acrescentou:

– Quero convidá-lo a descansar num lugar agradável. Fique por lá um pouco.

– Que lugar?

– Uma pousada. Lá poderá acomodar-se por agora e, depois, decidir o que quer mesmo fazer de sua vida.

– Eu aceito, se não for uma prisão.

– Não será, pode ter certeza disso. É apenas um pouso. Cama macia, cuidados médicos...

– Acredito em você. Eu irei.

– Ótimo. Vá com esse irmão que está aí ao seu lado. Ele o levará e explicará tudo. Que Deus o acompanhe e ilumine sua jornada.

Cleide não tinha certeza, mas achou que o espírito atendido tinha relação com o pedido de Túlio. A loura podia ser Bruna. Como não gostava de emitir juízos precipitados, calou-se e aguardou, quem sabe, uma futura oportunidade de tornar a dialogar com ele.

– Para onde ele foi? – perguntou Alex.

– Você ouviu. Para um pouso.

– Onde?

– Gostaria de conhecer?

– Claro que sim!

Diógenes Lua Vermelha conduziu Alex a um local pequeno, de aparência simples. Um pequeno edifício, parecendo mais uma casa de sítio rodeada de archotes, numa clareira da mata. Ao se aproximarem, duas mulheres de aparência jovem e serena vieram recebê-los no portal, semelhante a antiga porteira de fazenda.

– Diógenes, parece que foi ontem!

– Celina, minha amiga, que alegria revê-la! – cumprimentou Lua Vermelha, com um abraço. – Este é Alex, meu companheiro em algumas tarefas.

– Sejam bem-vindos! Sintam-se como em casa – disse a anfitriã com um largo sorriso.

Alex olhava em torno com admiração. O local lembrava uma antiga chácara do interior mineiro. Grandes janelas e paredes levemente encardidas de terra vermelha davam-lhe uma aparência acolhedora. Embora estivesse escuro do lado de fora, via-se perfeitamente cada bonito detalhe dos modestos canteiros e todas as árvores que ficavam na parte de trás.

Apontando para a colega, Celina explicou:

– Esta é Cenira, nossa auxiliar. Vou pedir-lhe que acompanhe vocês dois nessa visita, pois tenho alguns afazeres, e irei encontrá-los mais tarde.

– Muito obrigado! – respondeu Alex, que não pôde conter sua curiosidade. – De onde a conhece, Diógenes?

– Celina é uma das diretoras desta casa, onde estagiei por um bom período.

– Você, aqui? O que fazia?

– Compreenderá melhor quando entrarmos. Deixarei que Cenira, mais acostumada à rotina da instituição, ofereça todas as explicações.

Tratava-se, sem dúvida, de uma construção típica do plano espiritual que, embora se localizasse praticamente na crosta terestre, só podia ser vista por pessoas com sensibilidade mediúnica.

– Que lugar é este? Como se chama? – Alex olhava em torno, ansioso para entrar.

Cenira adiantou-se, subindo degraus da escada que levava à porta principal.

– Esta é a Pousada Mãe d'Água. É um posto de socorro bastante próximo à crosta terrestre, que oferece atendimento a espíritos em sofrimento. No nosso caso específico, são espíritos atendidos em reuniões mediúnicas, rituais xamânicos ou trabalhos da umbanda, e que aceitaram afastar-se das criaturas a que vêm permanecendo ligadas.

– Espíritos que foram doutrinados em casas espíritas? – indagou Alex.

– Não adotamos o termo 'doutrinação', preferimos dizer que foram espíritos recebidos para diálogo fraterno em grupos de ajuda a encarnados e desencarnados, dissuadidos inicialmente de seu propósito original de manterem-se presos aos seus irmãos de calvário. Alguns deles nos vêm conduzidos de rituais onde foram afastados dos encarnados com que mantinham laços de forte afinidade.

Entraram numa pequena antecâmara e Cenira indicou uma porta, mas não sem antes advertir:

– Lidamos com quadros bastante dolorosos. Muitos estão descansando e vocês haverão de sentir as vibrações do ambiente, frequentemente difíceis, pesadas. Por isso peço-lhes que deixem para fazer as perguntas depois que chegarmos ao outro lado.

Ao adentrarem a sala, observaram um grande corredor de camas simples dos dois lados. A decoração era despojada, em tons róseos. Vasos de flores aqui e ali reforçavam o clima campestre. Em alguns leitos, irmãos dormiam calmamente. Noutros, o sono atormentado criava movimentos convulsivos, gritos, choro, mas ninguém em torno acordava devido a isso. Mantendo bons pensamentos e sentimentos, chegaram à porta do outro lado, onde Cenira, tendo-a fechado atrás de si, dispôs-se a responder às perguntas.

– Observei alguns atendentes próximos aos leitos. Imagino que sua tarefa não deve ser fácil – comentou Alex.

– Nem um pouco. A qualificação para esta atividade é muito rigorosa. Muitos se candidatam, boa parte começa o trabalho, poucos permanecem muito tempo. Mas, como um de nossos propósitos é oferecer intrução e aprimoramento, temos muitos estagiários.

– Que qualificações são estas, Cenira?

– A par da grande capacidade afetiva e desprendimento, auxiliar irmãos nessas condições conflitivas exige alto controle sobre o próprio medo e, ainda, conhecimento profundo e domínio das próprias carências emocionais. Não seria admissível que companheiros aqui buscassem trabalho a fim de preencher as suas próprias carências afetivas. Afinal, esta é a fonte dos maiores dramas daqueles que chegam. Eles carecem de lucidez e tratamento, não de retroalimentação.

Diógenes fez um gesto e completou:

– Quando aqui passamos algum tempo, por mínimo que seja, percebemos claramente o quanto podemos nos enovelar em situações mal resolvidas e dependências de todo tipo.

– E o que acontece, depois? – perguntou Alex a ambos.

– Notou que não existem cercas, nem guardas? – indagou Diógenes.

– Sim. E não entendi.

Cenira então explicou:

– Este é um local de tratamento, não é uma prisão. Daqui, alguns irão para lugares especializados, outros poderão sair e escolher seu próximo destino. Ninguém está aqui contra a vontade.

– Mas eles poderiam, assim, voltar àqueles que vinham influenciando? – Alex demonstrou preocupação.

– Por que não? – perguntou Diógenes Lua Vermelha. – Se, depois desta estada na Mãe d'Água, ainda persistirem em suas ideias e seus propósitos e se os encarnados também se mantiverem na mesma faixa de vibrações e interesses, ora, não é natural?

– É... ou, melhor, agora que colocou as coisas dessa maneira...

– Alguns sairão daqui e encontrarão seus antigos parceiros em atitude renovada, não mais oferecendo campo para suas investidas. Outros ainda continuarão unidos a eles, por mais um tempo, lembrando sempre que as oportunidades de mudança haverão de surgir outra vez.

Cenira então mostrou portas para dois aposentos.

– O que nosso posto proporciona é auxílio vibracional e psicológico. Muitos companheiros aqui chegam precisando de apoio vibracional, porque é comum haverem passado séculos, ou milênios, praticamente esquecidos de suas próprias necessidades, fixados em pensamentos doentios que drenam suas forças.

Ao entrarem, Lua Vermelha deu a dianteira ao amigo, que ficou boquiaberto. O espaço era dividido, por delicados biombos em módulos com duas cadeiras ou dois almofadões. Num deles, uma mulher vestida de azul e branco ouvia atenta e carinhosamente o choro de um ser que se arrastava no chão. Era visível que ela lhe oferecia apoio e, ao mesmo tempo, vibrações reconfortantes.

O grupo, cuja presença não foi registrada pelo sofredor, estacou alguns minutos e depois seguiu para perto da janela, apreciando a suavidade do anoitecer.

– Muitas das energias deletérias represadas nos centros emocionais são liberadas nesses diálogos, como o que vocês viram, o que proporciona imenso alívio ao paciente.

– Todos precisam vir para esse tratamento? – quis saber Alex.

– Cada caso é um caso – esclareceu Cenira. – Nossos terapeutas e médicos definem o que precisa ser feito e acompanham a evolução dos quadros.

– Os estagiários têm formação específica?

– O que aqui ocorre resulta fortemente das potências intuitivas, da capacidade afetiva e compreensão do método que é utilizado. É preciso saber ouvir, abster-se de julgar e estabelecer forte empatia com o paciente, criando as condições para a liberação íntima de velhos padrões e condicionamentos. Vamos à outra enfermaria?

A sala seguinte era a que mais parecia uma dependência hospitalar. Lençóis brancos acolhiam corpos esquálidos ou deformados. O respeito e o silêncio criavam o clima.

– Os irmãos que aqui descansam recebem recursos energéticos e deverão ser encaminhados a outras instituições de recuperação. Seu estado geral é bem mais delicado.

– Mas, se eles não quiserem...

– Se estiverem fortes o suficiente para escolher voltar aos seus antigos lugares, nada os impedirá.

A visita terminou ao saírem pela porta da frente, onde viram Celina conversando com um homem alto de indumentária simples e turbante ao estilo indiano. Cenira explicou:

– É Ananda, nosso coordenador geral.

Gentilmente, este apontou cadeiras de vime pintadas de branco, em torno de uma mesa, onde puderam ainda conversar mais um pouco e observar a paisagem. Depois de alguns breves minutos muito instrutivos, Lua Vermelha e Alex despediram-se, tendo sido acompanhados por Cenira e Celina até a porteira.

O final-de-semana levou Dena e Rogério para uma pousadinha em Monte Verde, Minas Gerais, o que Marjorie logo ficou sabendo, quando Cleide ligou para Assunta. A primeira coisa que a moça fez depois disso foi ligar para Marcelo para combinarem uma saída.

Porém Marcelo, ultimamente, não era mais o mesmo. A falta de treinamento e convivência com os colegas da academia, além da ausência do pai e da preocupação constante da mãe e da irmã, deixavam-no extremamente desconfortável para agir como sempre agira. Tinha a impressão de que algo podia lhe acontecer a qualquer momento – um desmaio como o daquele dia ou, então, algo mais grave...

Sentia que não merecia passar por aquilo. Sempre fora um atleta dedicado, um lutador leal, por que seu organismo respondia com a enfermidade? Estava perdendo a pouca vontade de estudar que ainda possuía e tinha dúvidas sobre a relação com Marjorie. Não achava certo investir num futuro com alguém, quando estava ainda tão inseguro sobre seu próprio futuro.

Mas como ela insistiu bastante, acabaram combinando um cinema.

– Na praça de alimentação do *shopping*, em uma hora – concordou ele.

Tendo chegado antes, no entanto, os mesmos pensamentos inquietantes o assaltaram, só que mais persistentes. Tinha medo de assumir um compromisso mais sério com Marj, de quem realmente gostava. Temia que ela sofresse. Não queria terminar o que tinham começado, mas não se sentia no direito de brincar com as emoções dela. Que fazer?

Uma solução surgiu fácil, rápida. E quase indolor... ao menos, para ela, segundo ele imaginou. Sabia que àquela hora, no *shopping*, dezenas de amigas suas estavam matando tempo. Muitas das quais ele tinha 'azarado' recentemente e sabia que gostariam de ficar com ele. Aproveitou-se do fato de chegar antes e começou uma conversa com Chiara, uma linda ruiva de longos cabelos cacheados.

Afinal, tinha de ser alguém de quem Marjorie realmente sentisse ciúmes. Chamou-a para sentar-se à mesa, pediu bebidas para os dois e assegurou-se de que, quando Marj chegasse, ela o visse bastante envolvido numa conversa com a garota. Seu plano era desapontá-la se passando por alguém volúvel, fazendo com que ela não quisesse ter mais nada com ele.

E tudo acabou acontecendo mesmo como ele planejou, com uma única diferença: depois de paralisar por alguns segundos diante da cena, ela saiu realmente transtornada rumo ao estacionamento, o que o deixou bastante preocupado. Pediu desculpas a Chiara, disse que se lembrava de ter uma coisa muito importante para fazer e despediu-se, tentando alcançar Marj. Mas perdeu-a de vista.

Marjorie chegou em casa arrasada, malhou a porta do carro e entrou enxugando as lágrimas do rosto.

Assunta apareceu na porta da copa, limpando pincéis, e perguntou o que estava acontecendo.

– Por que eu ainda insisto? Por que eu ainda tenho essa ideia idiota de encontrar um homem que me ame de verdade? Será que eu sou maluca? Será que não vou conhecer nunca um cara com quem eu possa viver feliz e em paz?

– O que houve, filha?

– Eu marquei um cinema com o Gatto. Fui encontrá-lo no *shopping*. Quando cheguei, ele estava no maior papo com uma piranha ruiva! Na minha cara! Ele é tão galinha, que nem esconde!

– Tem certeza de que não era uma amiga?

– Eu não nasci ontem, mãe. Ali tinha alguma coisa...

– Mas você não falou com ele? Não foi ver o que ele tinha pra dizer?

–Dizer o quê? Estava mais que na cara! O safado não gosta de ter uma mulher só... Precisa de muitas, pra se sentir macho.

– Eu não tiraria conclusões tão rápidas...

– Hein? Mãe, ele marcou comigo, COMIGO. Sabia que eu ia chegar e, mesmo assim...

– Está vendo? Tem uma coisa nessa história que não bate. Se ele sabia que você ia chegar, não ia estar com outra mulher ali. Isso não é comportamento de um 'galinha'... A não ser que fosse um galinha muito tolo, o que não parece ser o caso...

– Por que ele faria uma coisa dessas, então?

– Não sei. Mas você devia procurar descobrir. Além disso...

– O quê?

– Se não der a ele uma oportunidade, você estará agindo com ele do mesmo jeito que o Rogério agiu com você.

Marjorie caiu em si.

– Poxa! É verdade. Eu não consegui pensar, só sentir raiva... muita raiva!

– Que deve ter sido o que aconteceu com o Rogério. Enfim, creio que você deva procurar esclarecer o que realmente houve, antes de sair julgando o Marcelo e condenando-o, quando pode nem ter existido crime algum.

– Obrigada, mãe. Eu estava sentindo falta das suas opiniões.

– De nada. Eu resolvi não me intrometer tanto nos seus assuntos, de uns tempos pra cá. Não estava certo. Você é que deve saber o que é melhor pra você. Mas, agora, achei que precisava colocar a cabeça no lugar, antes de fazer uma besteira.

Marjorie aproximou-se da mãe e beijou-lhe o rosto:

– Valeu, mãe. Eu vou ligar pro Marcelo.

Ao chegar em casa, Marcelo continuou tentando ligar para o celular de Marjorie, que prosseguia dando "caixa postal". Estava profundamente arrependido do que fizera e desejava uma chance de se explicar. Quando, enfim, conseguiu falar-lhe, explicou seu plano bobo e pediu milhões de desculpas. Não imaginava que ela ficaria tão abalada. Só queria poupá-la de namorar um doente e eventualmente acabar virando uma enfermeira.

– Não seja bobo, Marcelo. Até onde sei, você está muito bem e, se se cuidar, vai ficar assim por longo tempo! Estou pensando em ir buscar você aí, pra gente assistir à última sessão. Topa!

– Opa! Pode vir que estou esperando!

Buscai primeiro o Reino de Deus

Mt 6,33

Dena e Rogério retornaram de viagem assumidamente juntos. Dena adiava o instante de pensar sobre a bolsa de estudos em Paris, mas sentia uma aflição crescente em torno da decisão a tomar.

Bruna cuidava de atualizar e enviar seu currículo a agências e conhecidos, enquanto procurava não pensar em Túlio. Isso era quase impossível.

Túlio retomou sua rotina de trabalho. Reconhecia agora a falta que a ex-namorada andava fazendo no escritório. Mas tinha assuntos de sobra para resolver e achou melhor dedicar-se totalmente a eles.

– Sinto que deseja comentar algo – disse Diógenes Lua Vermelha a Alex. – Pode falar...

– Penso no que houve com Marjorie e Marcelo. Que bom que tudo terminou bem – explicou Alex.

– Você e sua mania de 'terminar'. Nada nunca termina, Alex.

– Que seja! – Alex deu de ombros. – Mas não é só isso, acho que aprendi uma coisa. Observo diversos matizes de uma mesma situação emocional, tanto neles, quanto em Bruna, Dena, Túlio. Vejo o medo que nasce de uma avaliação errada de si mesmo, de uma autoimagem que se põe como inferior, como carente e dependente. Veja: Marcelo e o seu medo de não ser o melhor homem para Marjorie. Marjorie e o seu medo de não merecer encontrar um bom parceiro. Bruna e seu o medo da solidão. Dena e o seu medo de não ser perfeita. Rogério e seu medo de demonstrar suas fraquezas. Tudo acaba resultando do medo de não sermos suficientes, medo de sermos passados para trás, medo de perder nosso lugar e nossa importância para os outros e de jamais sermos felizes.

– Muito bem, meu pupilo – disse Lua Vermelha, jocoso. – Focamos esses medos naqueles que pensamos que poderiam nos causar mal. Mas quem causa isso? É realmente o outro? Será que não somos nós que condicionamos nosso bem-estar e felicidade às atitudes dos outros, quando então ficamos na dependência deles para não nos sentirmos mal, para não nos sentirmos inferiores? No fundo, não está tudo na nossa cabeça?

Alex concordou, o que fez o mestre prosseguir em suas considerações:

–Veja o que ocorre agora com Dena e Bruna. Você diria que elas são duas pessoas muito diferentes, com diferentes personalidades e objetivos, não é?

– Sim.

– No entanto, sentem-se exatamente da mesma maneira e buscam a mesma coisa: atenção e reconhecimento! Bruna por meio da companhia de um homem, Dena por meio dos méritos acadêmicos e atuação na família e na casa espírita.

Alex espantou-se com a lógica do raciocínio. Lua Vermelha continuou:

– Se você pesquisasse muitas das histórias dos internos da Pousada Mãe d'Água, encontraria em sua origem este mesmo padrão. Seres cobrando de outros seres o que consideram o seu direito, mas incapazes de proporcionar a si próprios a paz e o bem de que precisam. É também o que aquele irmão infeliz procura em companhia de Bruna.

– Então Bruna e ele não estão ligados pelo passado?

– Você quer dizer: em outras reencarnações? Não. Nada os liga no passado. Eles se aproximaram pela sua forma de pensar e agir, pelas suas necessidades psicológicas. Como na presença do outro conseguem nutrir um pouco da sua grande carência emocional, estabelece-se um vínculo, uma dependência mútua.

Alex expressou surpresa, mas, antes de fazer mais perguntas, Lua Vermelha fez um gesto e completou:

– Eu gostaria que você começasse a observar o que cada um busca e os padrões de cada um para obtê-lo. Considere uma lição de casa.

Alex desejou começar por Marcelo Cabelo Amarelo. Mas aguardou a oportunidade que certamente surgiria.

Bruna saiu logo cedo. Consultou o saldo de sua conta e o extrato de seus empréstimos. O montante que tinha para receber da empresa era quase todo o adiantamento que já havia pedido para saldar a dívida com um dos cartões. Precisava de trabalho, qualquer trabalho.

Tia Maria não estava nada bem naqueles dias. Precisava ser lembrada dos horários de se alimentar, não atendia ao telefone ou à porta. Às vezes, passava horas simplesmente sentada, diante da cortina fechada da janela da sala, olhando não se sabe para quê. A sobrinha tinha cada vez mais receio de deixá-la em casa sem companhia, por isso pediu à vizinha que, de tempo em tempo, desse uma olhada na tia. Se possível, que procurasse conversar com ela para tirá-la do isolamento em que ia se colocando.

Enquanto se dirigia ao ônibus, só pensava em retornar o mais rápido possível e, ainda, sem saber como ia deixar tia Maria sozinha, quando estivesse em novo emprego. Mas também não podia se preocupar com isso agora.

O celular tocou dentro da bolsa e ela viu que Túlio estava ligando.

– Alô, Túlio.

– Bruna. Oi. Estou ligando pra saber como você está. E pra dizer que tenho uns contatos pra passar, de escritórios que estão sempre contratando. Se eu indicar você...

– Eu agradeço muito se puder fazer isso. Não estou bem, não, mas não quero me desesperar. Acabei de começar a batalhar trabalho.

– E a tia Maria?

– Está me preocupando. Ela está cada vez mais desmemoriada. Fica horas parada, olhando pra nada. Não se lembra de comer...

– Devia levá-la a um médico.

– Vou fazer isso. Vou marcar hoje mesmo.

– Quer algum tipo de suporte? Que eu as leve de carro?

Bruna não estava certa de que devia aceitar a ajuda oferecida por Túlio, mas ficou muito contente com o oferecimento.

– Se eu for precisar, ligo pra você. Provavelmente a cobrar, porque estou sem crédito.

Não queria expor a precariedade da situação em que vivia, mas saiu sem querer.

– *Eu gostaria de colaborar com você de todas as formas possíveis, pelo menos até você se empregar de novo.*

– Não se sinta responsável pelo que houve. Eu estou assumindo meu erro, e isso está me fazendo muito bem. Mas, pela tia Maria, se precisar de algo, falarei com você.

– *Faça isso! Bem... vou conversar e ver o que consigo pra você com meus conhecidos. Tenha um bom dia e boa sorte na sua busca.*

– Obrigada. Beijo.

– *Beijo.*

De volta à casa, enquanto se dividia entre fazer contas de dinheiro e preencher formulários na *internet*, recebeu um cumprimento de Jugernaut. Primeiro, ela ignorou. Sentia-se diferente, agora. Antes, ela vivia em função de seus contatos virtuais. Mas, depois daquele episódio todo, ela tinha mudado. Voltara a sentir-se bem consigo mesma. Ter feito a coisa certa era um grande incentivo para sua autoestima.

Depois, lembrando-se de que Jugernaut não era qualquer um, que tinha conteúdo pra compartilhar e que a havia ajudado, ela respondeu.

Bruna: oi

Jugernaut: Alterou seu nickname. Bruna é um nome muito bonito.

Bruna: obrigada. td bem?

Jugernaut: Td ok. Eu estava vendo uns arquivos pra deletar. Achei um trecho que achei que gostaria de ler.

Bruna: lgl vc lembrar de mim.

Jugernaut: P q? A gente não ficou amigo?

Bruna hesitou. Aqueles que ela chamava de 'amigos' da *internet* não agiam assim. Não eram muito profundos de ideias, nem compartilhavam muita coisa. Até onde ela sabia, podiam mesmo ser falsos perfis. Jugernaut parecia ser diferente. Depois de uns instantes, ela teclou:

Bruna: claro! ☺

Bruna: mas, e o trecho?

Jugernaut: Vou mandar, é um arquivo de texto.

Em segundos, Bruna aceitava o arquivo e o abria, lendo as frases pausadamente:

> Criar em torno dos doentes uma atmosfera de positiva confiança, através de preces, vibrações e palavras de carinho, fortaleza e bom ânimo.
>
> O trabalho de recuperação do corpo fundamenta-se na reabilitação do espírito.
>
> Mesmo quando sejam ligados estreitamente ao coração, não se deixar abater à face dos enfermos, mas sim apresentar-lhes elevação de sentimento e fé, fugindo a exclamações de pena ou tristeza.
>
> O desespero é fogo invisível.
>
> Discorrer sempre que necessário sobre o papel relevante da dor em nosso caminho, sem quaisquer lamentações infelizes.
>
> A resignação nasce da confiança.[18]

Bruna admirou-se da exatidão daquelas palavras, perante a situação que atravessava. A doença de tia Maria, ultimamente, preocupava-a tanto quanto a perspectiva de um longo período de desemprego.

Bruna: vc acertou em cheio. como adivinhou que estou com um problema de saúde na família.

---

[18] "Perante os doentes". In: LUIZ, André. *Conduta espírita*. Psicografia de F. C Xavier e Waldo Vieira. 21ª. Ed. Rio de Janeiro: FEB, 1998. p. 33.

Jugernaut: Não adivinhei. Só segui minha intuição.

Realmente, as palavras enviadas por Jugernaut pareciam antecipar o que iria ocorrer dias depois. Era sexta-feira, Bruna acordara cedo, faminta, e notou que não havia pão em casa.

Percebendo o agravamento do estado da tia Maria, evitava deixá-la só, nos últimos dias. Quando saía para resolver coisas rápidas, avisava a vizinha de andar e pedia-lhe que, de vez em quando, desse uma olhadinha. Mas, como naquele momento acabara de ver que tia Maria estava em sono profundo em seu quarto, resolveu dar uma corridinha até a conveniência ali perto, imaginando que não levaria mais do que dez minutos.

Ao chegar lá, no entanto, viu que o pão tinha acabado e havia uma fila esperando a próxima fornada. Entre voltar para casa e esperar, decidiu esperar um pouquinho... o que poderia acontecer?

Acabou levando quase meia hora. Na volta, ao entrar no apartamento, viu a luz do quarto da tia acesa e, ao alcançar a porta, viu Maria caída ao chão, com um corte na testa. Pelo visto, ela tentara levantar-se e enroscara o chinelo no tapete de barbante ao lado da cama, desequilibrando-se e batendo a cabeça na quina do criado-mudo.

– Tia! Que foi isso? – perguntou, aflita, enquanto procurava um pano limpo para remover o sangue que corria pelo rosto da senhora.

– Não foi nada, não – respondeu Maria. – Essa porcaria de chinelo...

– A senhora precisa ir até um hospital! – disse, usando uma fronha limpa para higienizar o ferimento.

– Não seja boba! Me ajude a levantar.

Com um grande esforço e meio desajeitadamente, Bruna ajudou a tia a sentar-se na cama, afofando um travesseiro para que se recostasse.

– Vou chamar um táxi. Vamos pro pronto-socorro.

– Que pronto-socorro, que nada! Vamos tomar um café...

– Mas, tia, o machucado...

– Estou com fome. E você nem sabe quanto vai demorar pra chegar um táxi, pra ir até lá, pra ser atendida...

– Certo, vou fazer um café pra gente, mas depois vamos pro hospital.

Enquanto colocava o filtro na cafeteira, ouviu tocar o celular, mas não conseguiu encontrá-lo a tempo de atender. Notou que a hemorragia não parava e pediu à tia que pressionasse a fronha contra a testa.

Encontrou o aparelho e viu que a chamada era de Túlio. Pensou em retornar, mas achou que cuidar da tia era mais urgente, então, deixou para depois.

Preparou o café com pouco leite e pouco açúcar, como a tia gostava, e levou-lhe numa bandeja, junto com pão fresquinho e requeijão.

Depois de ambas comerem, ajudou-a a trocar de roupa e foi se aprontar, quando o celular tocou novamente.

– Alô!?

– *Bruna? Túlio.*

– Túlio, oi. Não posso falar agora. Preciso levar a tia ao hospital, ela caiu e machucou a testa.

– *Caiu? Como ela está?*

– Sangrando um bocado. Não quero demorar.

Depois de hesitar um pouco, Bruna resolveu pedir:

– Será que você podia nos dar uma carona?

– *Claro que posso! Estou saindo em cinco minutos. Quer que eu suba e ajude com a tia?*

– Não, acho que ela consegue chegar ao elevador.

– *Melhor, não. Eu subo. Fique onde está.*

Túlio então se apressou e tratou de chegar o quanto antes ao endereço de Bruna.

– Mas... por que é que você tinha me ligado, afinal? – perguntou a moça, enquanto ambos ajudavam Maria a chegar ao carro.

Túlio ficou em silêncio, até se acomodarem no carro. Dirigiu evitando as vias mais congestionadas naquele horário, fez comentários sobre o tempo, sobre o trânsito.

Ao chegarem ao hospital, ele esperou trazerem uma cadeira de rodas. Um atendente ajudou com habilidade Maria a sair do carro e a sentar-se na cadeira, levando-a para o setor de emergência.

Bruna seguiu atrás e ele disse que ia estacionar, voltando em seguida.

À procura de uma vaga, ele admitia: tinha ligado para Bruna. Não eram nem oito horas da manhã. Ele apenas tinha acordado e sentido vontade de falar com ela. Mas por que tinha feito aquilo?

De qualquer maneira, sua chamada foi providencial, era um momento de necessidade e ele já tinha se afirmado disposto a ajudar Bruna. Podia muito bem ter sido uma inspiração. Ele decidiu que não tinha resposta para a pergunta de Bruna, então achou melhor parar o carro e voltar para ver em que pé estava o socorro à tia Maria.

Bruna teve de esperar enquanto encaminhavam a tia para o raio X. No fundo, não conseguia imaginar que fosse algo tão grave, mas não podia evitar a ansiedade, enquanto não ouvia o diagnóstico médico. Começou a lembrar-se de sua infância.

Tia Maria era sua única família em São Paulo. Outros tios e primos moravam em Montes Claros, Minas Gerais, mas havia pelo menos dez anos que Bruna não os via. Maria era a irmã mais velha de seu pai, Ary, e cuidava dela desde os oito anos.

Foi quando a mãe de Bruna, Rose, abandonou o marido e a filha, depois de se apaixonar por um argentino, Zamora, que era hóspede do hotel onde ela trabalhava na recepção. Pelo que Bruna sabia, eles tinham tido um caso durante o período em que, junto com uma equipe de técnicos, Zamora prestara serviços de manutenção de máquinas industriais a uma empresa da capital, permanecendo no Brasil durante quatro meses.

Aquilo que começou casualmente virou uma grande paixão. Quando chegou o momento de Zamora voltar para seu país, Rose viu-se num impasse: aceitar o convite, mudar-se para a Argentina e ficar com ele, ou desistir definitivamente dele, já que dificilmente teriam outra chance de se encontrar.

Romântica e fantasiando com uma possibilidade de melhoria de vida, Rose chegou de um dia normal de trabalho, dizendo que iria arrumar suas coisas e partir para sempre. Ary entrou em choque, pois, embora andasse estranhando algumas das atitudes da esposa, jamais pensou que a situação tivesse chegado a esse ponto.

Bruna ganhou um beijo e um abraço choroso da mãe, na hora da partida, junto com a promessa de que mandaria buscá-la. Porém, a menina nunca mais a viu e nem teve notícia dela.

Foi nessa época que Ary chamou Maria para morar com eles em São Paulo. A irmã mais velha era solteira, morava com o pai, o irmão e a cunhada em Montes Claros e, se pudesse vir ajudar a cuidar de Bruna, já que Ary admitia o receio de não saber como criar uma menina, ele mandaria o dinheiro da viagem e lhe garantiria casa e comida em São Paulo. Maria, tocada pela situação do irmão e da sobrinha, aceitou o convite, mas disse que era provisório, só até ele conseguir outra pessoa ou se casar de novo.

O provisório, contudo, virou definitivo. Tia Maria foi ficando, ficando. Fez algumas amizades, passou a frequentar a paróquia e a ajudar nas obras da igreja mais próxima. Carinhosa, atenciosa, cuidou de Bruna como a filha que nunca tivera.

Ary nunca mais se casou. Nem jamais pronunciou o nome de Rose outra vez. Seu trabalho como eletricista autônomo sustentava a casa, junto com a pensão que Maria passou a receber após a morte do vô Gervásio, lá em Minas. Mas, com dezesseis anos, Bruna começou a procurar emprego. Queria fazer faculdade e bancar os próprios estudos. Fez cursos rápidos de informática e conseguiu empregar-se como recepcionista, entrando no mesmo ano na faculdade de direito.

Em 2002, quando Bruna ia completar dezenove anos, porém, Ary sofreu um acidente de trabalho, vindo a perder a vida física. A partir dali, Bruna e Maria sentiram-se mais próximas do que nunca.

O emprego, assim como o curso universitário, ampliaram os horizontes da jovem, que passou a ter contato com muitas pessoas por dia. Os colegas homens davam sinais de que a achavam bonita e atraente; recebeu alguns convites para sair e começou a se 'produzir' mais, depois de alguns meses naquela empresa. Gastava o quanto podia em sapatos e roupas. Sua vida parecia haver se tornado muito mais interessante, e ela ficava imaginando que, um dia, um estrangeiro apareceria para ela, como tinha acontecido com sua mãe, que ela se casaria e seria feliz com ele em algum lugar diferente. Mas a realidade era que a única pessoa verdadeiramente presente, e verdadeiramente preocupada com o bem-estar dela, era sua tia.

Ultimamente, Maria vinha sofrendo de alguns lapsos de memória. Bruna havia pensado em marcar consulta com um geriatra, mas, na sua rotina intensa, acabou adiando essa providência. Agora, sentia-se culpada. Nada justificava a negligência com a saúde da tia, especialmente depois de tanta dedicação de Maria ao seu conforto e à sua formação.

Quando pensava nisso, Túlio finalmente apareceu:

– Como ela está? – perguntou o rapaz, sentando-se ao lado de Bruna.

– Levaram para a radiologia. Estou esperando.

– Não deve demorar.

– Você não tem de ir para o trabalho?

– Primeiro, quero saber que a tia está bem.

Um silêncio pesado se instalou entre os dois, que tentavam controlar suas expectativas, enquanto pareciam não ter o que dizer um ao outro.

– Você é a acompanhante de dona Maria? – perguntou uma moça com uniforme do hospital. – Estão faltando alguns dados, por favor, pode ver comigo?

– Vai lá – disse Túlio –, que eu espero aqui.

Depois que o médico viu o resultado do raio X e examinou Maria, ficaram sabendo que não havia fratura, mas que ela deveria permanecer em observação.

Bruna então disse que ficaria com a tia e pediu a Túlio que fosse cuidar de seus compromissos.

– Ok. Mas, quando forem liberadas, ligue para mim e eu virei buscar vocês.

Despediram-se com um beijo no rosto. Túlio ainda olhou para trás, a tempo de ver Bruna dirigir-se em passos rápidos para dentro da instituição hospitalar. Ela não olhou para trás.

Dena estava em aula, mas sua mente estava longe. Já tinha adiado demais sua decisão sobre a viagem, precisava começar a tomar as providências, caso fosse mesmo passar o semestre em Paris.

Seu namoro com Rogério, porém, tornava tudo mais difícil. Era como se ela houvesse esperado anos por uma oportunidade e, agora que ela surgia, precisasse desistir dela.

Pensou, então, que devia abrir o jogo, contar a Rogério sobre seu dilema e ver o que ele pensava. No intervalo entre aulas, ligou para ele e combinou ir ao seu escritório à tarde.

– Oi, amor – Rogério recebeu Dena com um beijo demorado.

– Oi – Dena parecia levemente tensa.

– O que aconteceu?

– É sobre minha viagem para a França. Eu estive pensando e...

– E...?

– Bom, eu demorei o quanto pude para começar com os preparativos. Documentação, roupas, enfim. Demorei porque estava indecisa. Minha vida estava calma, rotineira e, de uma hora para outra, duas coisas fantásticas acontecem: o namoro da gente e a bolsa de estudos.

Rogério tomou-a pelo braço e apontou um sofá, onde ela se sentou e ele também, em seguida. Dena continuou:

– Tem um lado meu que anseia por ficar aqui. Mas tem outro que diz: "são seis meses, não é a vida toda, vocês podem namorar à distância". E eu estou aqui pra saber o que você pensa disso tudo.

Dena não mencionou o fato de temer que ele se reaproximasse de Marjorie nesse período, o que pesava muito para ela e dificultava a resolução.

Rogério não queria ficar longe de Dena. Mas também deixou falar seu lado racional.

– Olha, acho seis meses, um tempo enorme pra gente ficar longe. Mas não é justo que você se prive de uma oportunidade dessas, quando podemos, sim, nos sentir próximos, apesar da distância. Hoje em dia tem a *internet*. Com uma *webcam*, podemos nos ver todos os dias. Você me conta do seu dia, eu te conto do meu. Também posso tirar uma semana e ir visitar você. Faremos passeios clássicos, iremos à torre Eiffel, jantaremos navegando pelo Sena. O que acha?

– Você aguentaria?

Embora não concluísse a frase, a dúvida de Dena era: "Você aguentaria firme, sem ir atrás da Marj?"

– Eu me esforçaria o máximo para suportar a saudade. Você deve ir.

Rogério pensou um pouco, antes de continuar:

– Poxa, Deninha, nós somos jovens. Temos paixão. Temos imaginação. Conseguiremos passar por isso. Além do mais, estamos construindo nossas vidas, nossas carreiras, exatamente por sermos jovens. Se fosse a situação inversa: se eu tivesse uma oferta de curso ou de trabalho fora do país, você não me incentivaria a ir?

– Acho que sim. Com o coração na mão... – disse, com a voz debilitada.

Rogério abraçou-a.

– Vamos estar próximos. Vamos conversar todos os dias. Não será tão ruim.

Dena saiu do escritório e foi direto para casa, fazer um *check list* de tudo o que precisava providenciar antes da e para a viagem. Não estava plenamente convencida de que Rogério seria capaz de esperá-la, mas sentia-se disposta a arriscar.

"Paris, aqui vou eu!", pensou.

Túlio sentira-se estranho durante todo o dia. Sua assistente voltara naquela manhã, o que o fez pensar no quanto aquele período havia sido tumultuado. Muito mais do que poderia supor, muito mais do que pensara quando conversou com Rogério naquele restaurante, naquele dia tão quente de verão, um mês atrás.

Entre os momentos em que conseguia se concentrar no trabalho, pensava em Bruna. Na mulher surpreendente que ela era. No meio da tarde resolveu ligar para ela.

– Como vai a tia?

– Eles devem dar alta no final da tarde. Ela está bem, parece que o ferimento foi superficial.

– Eu vou buscar vocês. É só me ligar.

Ao desligar, Bruna prosseguiu no fluxo de seus pensamentos. Sentada ao lado do leito onde Maria adormecera recebendo soro, ela olhava em volta, via pessoas em sofrimento. Alguns, por estarem enfermos; outros, por terem seus familiares enfermos. Aquilo exercia sobre ela um efeito estranho, fazia considerar o quanto sua vida era superficial. O quanto ela vivia fora da realidade.

Que vida era aquela que levava? Tinha colegas de trabalho, até deixar o emprego, mas nenhum deles – exceto Túlio, que não era exatamente um colega – havia sequer telefonado para ela, após a demissão. Tinha amigos de *internet*, uma série deles, encontrados nos diversos *sites* de namoro em que estava inscrita. Não podia contar com nenhum deles. Nem sabia se eram quem diziam ser.

Sabia que tinha cometido erros muito graves com Túlio, não tinha o direito de pensar que ele a perdoaria e voltaria para ela. O que ele havia feito naquela manhã, pensava, desconsolada, fora por carinho à tia Maria, e nada mais.

Queria lembrar-se do porquê de ter trancado matrícula no curso de direito no início de 2006. Naquele momento, parecia uma boa ideia, mas agora, pensando melhor, o que ela tinha feito? Já podia estar formada, se tivesse continuado. Anotou mentalmente que iria procurar a secretaria da faculdade assim que conseguisse novo emprego.

Quem sobrava? Jugernaut, que realmente parecia compreendê-la, e parecia disposto a ajudá-la sem julgamento. E Grichka, o técnico de futebol da Rússia que falava em se casar com ela. No último contato, ele dissera que queria muito vir ao Brasil para conhecê-la, mas que precisava de uma ajuda para comprar a passagem de avião. Ele garantiu que, se ela depositasse 400 dólares numa determinada conta, uma semana depois ele estaria em São Paulo junto com ela, para que se casassem. "Por que não?", ela se perguntava. A mãe não tinha conhecido um amor de outro país? Por que não poderia acontecer o mesmo com ela?

O fato, porém, que ela desconhecia, é que Grichka era um perfil falso, de um golpista. Tudo o que ele queria era o dinheiro. As palavras que usara tinham sido cuidadosamente escolhidas para seduzir mulheres carentes, capazes de ir muito longe para encontrar um 'grande amor', longe a ponto de dispor de uma alta quantia em dinheiro, a fim de correr atrás do que nada mais era que uma enorme ilusão.

Bruna, contudo, pensava ingenuamente que, se ele viesse para o Brasil e concordasse em morar com a tia Maria, tudo estaria resolvido. Havia tantos clubes de futebol na cidade!... Não seria difícil ele arranjar um emprego. E decidiu enviar-lhe um *e-mail* na primeira oportunidade que tivesse, pedindo os dados bancários para o envio dos dólares, que ela daria jeito de conseguir de alguma maneira.

Diógenes Lua Vermelha observava o que ocorria com Bruna, quando uma pergunta de Alex desviou sua atenção:

– Você vai deixar ela ser enganada?

– Não depende só de mim. Eu posso inspirá-la, intuí-la. Mas, para que funcione, ela precisa ter condições de sintonizar seus pensamentos com os meus.

– Bruna recebe a influência de muitos espíritos inferiores. Um deles afastou-se temporariamente, depois de ser acolhido na reunião do Geub. Mas outros ainda persistem. Por que você, que é mais elevado que eles, não poderia influenciá-la?

– Porque cada ser se coloca em sintonia com seres mais ou menos elevados, dependendo dos pensamentos e emoções que nutre, segundo seus hábitos mentais. O estado emocional e mental de Bruna trouxe para perto de si esses seres desequilibrados. Ela, no entanto, tem tido alguns gestos que demonstram uma potencial melhoria: sua atitude digna, assumindo a responsabilidade pelos seus atos equivocados e sendo demitida do emprego; o desvelo e afeto sinceros, nos cuidados com Maria.

– O que tudo isso quer dizer? – perguntou o aluno.

– Isso quer dizer que, talvez, ela nos dê condições de sermos ouvidos, ao mesmo tempo em que sai da faixa vibratória de seus obsessores. Mas depende dela subir o degrau, e de mais ninguém. Se ela precisar aprender com mais esta decepção, Wakan Tanka saberá extrair desse fato algum proveito para os envolvidos.

– Tomara que ela não precise da lição mais difícil.

– É o que eu também espero – concluiu Lua Vermelha, voltando sua atenção para a jovem. – É o que eu também espero...

A CADA UM SE-
GUNDO SUAS OBRAS
Rm 2,6

O sábado acordou preguiçoso. Rogério saiu para caminhar quando o sol já estava alto.

Dena resolveu ficar em casa e ajudar Cleide com os vasos de plantas que ela queria transplantar. Levaram toda a manhã fazendo aquilo. Ela tinha pouco tempo no Brasil e queria aproveitá-lo com a mãe e o namorado.

Marjorie acordou na cama de Marcelo, olhou o relógio e resolveu demorar mais um pouco ali.

Bruna acordou tarde, depois de uma sexta-feira tensa e desgastante. Tia Maria estava em casa e bem, devia apenas ir a um ambulatório, dentro uma semana, para retirar os cinco pontos da testa. A jovem, então, resolveu ligar o computador e entrar no *Messenger*, para ver se Grichka estava *online*. Ele aparecia *offline*, mas ela viu o ícone de Jugernaut sinalizado como *ocupado* e resolveu deixar um recadinho.

Bruna: oi. só queria desejar bom dia, bom fds.

A frase ficou solitária na tela. Nenhuma resposta.

No fundo, esperava muito que Jugernaut falasse com ela. Resolveu então fazer alguma coisa, começou a arrumar a sala, juntar o lixo da casa para descer à lixeira do prédio, com desânimo. Uns vinte minutos depois, um som eletrônico dizia que Jugernaut havia respondido

Jugernaut: Oi, Bruna. Bom dia pra vc tb.

Bruna: vc está ocupado mesmo? ou só deixou assim pra ninguém incomodar? não quero ser chata

Jugernaut: Eu estava ocupado, mesmo. Dando comida pro cachorro, catando a sujeira dele. Tenho que limpar diariamente, senão ninguém aguenta.

Bruna: lgl. vc ter um cachorro.

Jugernaut: Ele já está meio velhinho. O nome dele é Sombra.

Bruna: sombra? p q esse nome?

Jugernaut: Porque, quando ele veio morar aqui, ele não desgrudava de mim. Parecia a minha sombra - rs.

Bruna: rsrs

Jugernaut: E vc, garota? Como vai?

Bruna: agora to bem. ontem passei o dia com a minha tia no hospital.

Jugernaut: Por quê? Alguma coisa séria?

Bruna: ela caiu. não foi nada muito grave, mas teve de dar pontos e ficar em observação.

Jugernaut: E como ela está agora?

Bruna: no quarto, ouvindo rádio. tem um programa de músicas antigas que ela não perde

Bruna: viu, eu queria dizer que aquela frase que vc me passou - caramba! tinha tudo a ver com o que aconteceu depois.

Jugernaut: Frase?

Bruna: a do livro. vc já esqueceu, né?

Bruna pareceu desapontada.

Jugernaut: Que nada! É que foram várias frases e não sei de qual vc está falando.

Bruna: na verdade, foi um arquivo. falava sobre criar um ambiente positivo em torno da pessoa doente.

Jugernaut: Ah! Sei. É do livro Conduta Espírita, do André Luiz.

Bruna: onde eu consigo esse livro?

Jugernaut: Em livraria, banca ou biblioteca espírita. É muito conhecido e muito fácil de achar. Coloca o título no Google e vai encontrar um monte de referências.

Bruna: certo. vou fazer isso.

Bruna sentia-se envolvida em boas energias. Jugernaut – como era mesmo o nome dele, de verdade?... Emanuel! Isso! Emanuel tinha um jeito de ser que lhe fazia muito bem.

Bruna: posso chamar vc de Emanuel? é tão bonito...

A resposta demorou alguns segundos.

Jugernaut: Como preferir.

Bruna: sabe, é que estou meio cansada de perfis e apelidos. parece que a gente se esquece de que tem um ser humano do outro lado. acho que quando eu era "princesinha", não era eu que estava teclando... quer dizer... era parte eu, mas não era o todo da pessoa que eu sou...

Jugernaut: Entendo vc. É muito fácil a gente virar outra pessoa, por trás de um apelido. Nos sites de relacionamento, nem sempre a pessoa coloca o que ela realmente é, somente aquilo que ela deseja parecer pros outros. Isso cria um punhado de problemas.

Bruna: eu estou pensando em excluir um monte de contatos. em ficar só com as pessoas que eu sei que são de carne e osso, mesmo.

Jugernaut: Como vc sabe que eu sou de carne e osso?

Bruna surpreendeu-se com a pergunta. De fato, como ela sabia? Enquanto isso, Jugernaut não tinha ideia de estar sendo intuído por Lua Vermelha, bem naquele momento.

Bruna: ah, vc tem uma história de vida, tem um cachorro. me passa frases espíritas. vc parece mais que uma pessoa de carne e osso, vc parece um cara ligado no lado espiritual. um cara muito bacana.

Jugernaut: Só isso?

Bruna: e vc não veio com aquele papo meloso, que soa falso. além disso, vc não me perguntaria isso se quisesse se esconder num falso perfil.

Jugernaut: Talvez. Mas vc não deve menosprezar a capacidade das pessoas mal-intencionadas.

Bruna: eu não dou informações pessoais, de cara. sempre dou um tempo, vou com calma.

Jugernaut: Olha, Bruna, isso é bom, mas não é o bastante. Existe todo tipo de criminoso tentando levar vantagem em cima do anonimato que a internet permite. E muitos deles são muito inteligentes. Entre as pessoas mais suscetíveis de caírem em ciladas, estão as crianças, os adolescentes... e as mulheres à procura de um relacionamento.

Bruna: vc acha que eu estou entre elas?

Jugernaut: Não disse isso. Será que é?............

Jugernaut: É que, na nossa sociedade, a maioria das mulheres cresceu sonhando com um amor, um casamento. Um conto de fada. É como se o marido e a família fossem lhe dar, enfim, uma identidade que não possui sozinha. É comum que muitas delas ainda sintam que não são ninguém, se não tiverem um marido.

Bruna reconheceu que, de certa forma, Emanuel estava certo. Ela sempre se sentiu um ser incompleto, um ser em que faltava um pedaço. Que precisava de outra metade. Há anos ela vivia com aquela ansiedade de buscar essa metade, do jeito que fosse.

E para conseguir o que queria, já tinha ido até o limite que sua moral permitia.

Tinha aceitado encontros de vários tipos, dezenas de encontros de uma noite só, imaginando que, algum dia, encontraria o amor ideal. O fato é que aqueles homens só queriam mesmo o sexo, depois a descartavam.

Tinha se esmerado em cuidar da aparência, mantendo uma dieta rígida para não engordar, gastando o que podia e o que não podia em sapatos, cremes, maquiagem, bolsas e roupas. Percebia olhares que a seguiam pela rua, o que durante muito tempo era motivo de satisfação. Mas aqueles olhares não a viam de verdade, não a conheciam por dentro, o que agora aumentava sua sensação de angústia.

Enfim, ela percebia que tinha encontrado um homem que representava tudo com que sempre sonhara: Túlio. Mas tinha jogado fora os melhores três anos de sua vida, por infantilidade, por bobagens. Era como se não pudesse resistir ao impulso de seduzir e conquistar. E tanto fez, que ele se cansou e a expulsou.

Jugernaut: Bruna?????????????

Bruna: desculpe. estava pensando no que vc disse.

Bruna: talvez eu tenha mesmo um problema

Jugernaut: Como, assim?

Bruna: estava pensando

Bruna: que preciso ter mais cuidado

Bruna tinha desconversado.

Jugernaut: Nunca é demais.

Túlio se lembrava de seu interesse inicial por Bruna. Ela era tão jovem, tinha apenas dezenove anos quando começou na empresa, como temporária, sendo depois efetivada. Cursava o segundo semestre de direito, tudo nela exalava vida e entusiasmo pelo trabalho, embora houvesse alguns momentos em que a surpreendia pensativa e distante. Mais adiante, soube que seu pai havia morrido há poucos meses.

Um dia, Túlio estava no café e o cartão dele não passava. Sistema fora do ar. Percebendo que não tinha dinheiro consigo, pediu à caixa para pagar no final do expediente, mas Bruna estava logo atrás na fila e ofereceu-se para pagar.

– Deixa que eu pago, assim a fila pode andar... – disse ela.

Túlio sorriu e agradeceu, sem jeito. Ao retornarem juntos para o escritório, conversaram pela primeira vez, após as apresentações naquela festa.

No elevador, ela se mostrou inteligente e esperta, além de inegavelmente atraente. Dois dias depois, o rapaz convidou-a para sair e a história deles começou a caminhar rápido, até que ela acabou indo morar com ele. À época, tia Maria gozava de ótima saúde e tinha uma vida social intensa com as amigas católicas e os trabalhos beneficentes.

Todo começo de relacionamento envolve certa dose de dissimulação. O pretendente sempre quer deixar transparecer o melhor de si, para atingir o objetivo de conquistar o outro. Túlio sabia que também tinha feito isso, tentando parecer mais espontâneo e leve do que realmente era. No fundo, era uma pessoa extremamente metódica, apreciava a ordem e a organização, sentindo-se perdido quanto algum detalhe saía do controle.

Seu verdadeiro temperamento apareceu com o correr dos meses, reclamando quando ela não guardava o tubo de creme dental após usar, quando largava os pratos e talheres sobre a mesa depois de uma refeição...

Bruna também revelou-se outra pessoa. Menos de um ano depois, ela virou uma criatura desconhecida para ele, como se extraterrestres houvessem sequestrado a moça que ele conhecia e colocado um *clone* no lugar. Vaidosa, fútil, dissimulada, impulsiva. Túlio não era capaz de entender, tampouco, era capaz de lidar com aquilo.

Ela gastava tudo o que ganhava em compras sem sentido e ele precisava cobrir seus cartões. Tinha uma verdadeira compulsão por ser notada, gostava de ser centro das atenções, especialmente masculinas.

Em nome do que sentia, Túlio desenvolveu uma grande dose de tolerância, mas acreditava que aquilo era errado e que não podia continuar.

O beijo no dinamarquês, na festa do clube, tinha sido um choque, mas, agora, ele atribuía esse deslize ao efeito do álcool. O que não pôde suportar foi descobrir que ela tinha verdadeiros 'casos' com homens, via *internet*, com os quais praticava sexo virtual. Foi um duro golpe na sua autoconfiança, na sua percepção da própria masculinidade. Significava para ele que o que oferecia não era suficiente para ela.

E, pelo que sabia, isso não tinha mudado. Teve a prova naquele dia em que chegou mais cedo à empresa.

Mas por que, então, ele ainda pensava nela? Por que ainda a desejava? Como poderiam voltar, se o motivo da separação ainda persistia?

Como sempre que chegava a impasses desse tipo, Túlio lembrou-se de Rogério. O fiel amigo. Pensou que poderiam combinar alguma coisa para aquela tarde, ir ao clube, ir a um restaurante... A amizade deles merecia ser cultivada, pensava Túlio, enquanto ia até o telefone.

Depois de convidar Rogério para almoçar e pedir-lhe para escolher o local, a resposta foi:

– Você não quer trazer uma comida pra cá? Tem um vazamento grande na minha área de serviço, pedi pro encanador vir e ele acaba de ligar, dizendo que pode chegar em uma hora. Só vou pegar a Dena às cinco; ela tá curtindo *a mãe enquanto pode, antes de viajar...*

– Por mim, não tem problema. O que vai ser? Uma costelinha? Uma feijoada? Um torresminho? – perguntou Túlio, já sabendo que ele provavelmente recusaria.

– *Pode ser um peixe grelhado? Um salmão seria perfeito.*

– Salmão? Deixa eu ver... Tem um salmão com ervas, purê, legumes e arroz, sensacional, no *Les Fleurs Jaunes*. Vou ligar lá e passo pra pegar. Deve levar uns quarenta minutos.

– *Pede porção dupla de legumes.*

– E pra beber?

– *Só se quiser trazer algo pra você. Tenho chá branco, que está bom pra mim.*

– Estou saindo. Até mais.

– *Até.*

Quando Túlio chegou à casa de Rogério, o portão e a porta que dava para o quintal estavam abertos. Podia ouvir o som de parede sendo quebrada.

– Rogério! – gritou ao entrar.

– Aqui!

A comida quente nas mãos do visitante pedia uma mesa com urgência.

– Pode colocar as coisas na mesa da cozinha. Já vou entrar.

Nisso, o encanador parou, tirou o óculos de proteção e dirigiu-se ao dono da casa:

– 'Seu' Rogério, eu vou precisar de umas coisas pra fazer o serviço. O senhor vai buscar ou quer que eu vá?

– Prefiro ir na loja aqui perto, do meu amigo. Túlio, você me espera? Não demoro.

– Espero.

Enquanto o encanador escrevia uma lista de materiais num pedaço de papel, Túlio entrou na cozinha. Ouviu o carro de Rogério sair e o rapaz voltar ao trabalho. O *lap top* de Rogério estava sobre a mesa, conectado à *internet*. Já que tinha de esperar, Túlio decidiu distrair-se um pouco.

Entrou em sua conta de *e-mail* e passou a ler mensagens de amigos e familiares, que sempre costumava deixar para depois, dando prioridade para assuntos de trabalho. Notou algumas pequenas janelas se abrindo no canto inferior direito e concluiu que o amigo tinha deixado seu *MSN* aberto. A certa altura, abriu-se uma janela de diálogo:

Baratinha: oi, bonitão. já comeu hj?

Túlio resolveu ignorar, respeitando a privacidade do amigo. Mas ao continuar sua leitura, viu que a janela continuava piscando na barra inferior.

Baratinha: a fim?

Túlio resolveu responder que Rogério tinha saído e colocar no *status* de ausente. Ao clicar na janela para responder, porém, viu algo que mudava absolutamente tudo para ele.

O apelido de Rogério era "Super7". O mesmo Super7 que teclava com Bruna, com quem ela praticava sexo virtual. Ele tinha plena certeza de que o nome era esse!

Atordoado com o aparente absurdo daquela informação, Túlio decidiu ter certeza e procurou pelo nome de Bruna na lista de contatos. "Bruna" ou "Princesinha". Ao clicar no nome de Bruna, viu uma foto recente da sua ex-namorada.

Era fato! Incontestável! O amigo (?) não valia nada! Ele era um traidor! Um crápula da pior espécie!

Túlio não conseguia acreditar, nem avaliar a dimensão exata da sua descoberta.

Só queria esmurrar alguém. Como é que Rogério podia fazer aquilo, durante tanto tempo, e ainda agir como se nada estivesse acontecendo. O amigo de infância, o possível sócio, em quem ele confiava, o qual considerava um exemplo de ética...

A pessoa a quem ele confiava seus segredos e inquietações mais íntimos...

Túlio resolveu não esperar que ele voltasse.

Saiu depressa, foi até o carro e só pensava em sumir dali. Lembrou-se da frase frequente na boca do amigo: "A gente não precisa fazer loucuras para aproveitar o bom da vida." Mas enganar os amigos, pode? – perguntava a si mesmo.

Depois de rodar um tempo, resolveu procurar Bruna.

Quando Bruna abriu a porta, Túlio entrou de supetão.

– Eu sabia que você era baixa, mas não sabia que era tão baixa! – ele gritou.

– Do que você está falando? Por favor, fale mais baixo, a tia tá descansando. – Bruna fez um sinal com o dedo indicador sobre os lábios e o levou até a sala.

– Você e o Roger. Quantas vezes?

– Quantas vezes, o quê? – Bruna não tinha ideia do que Túlio queria saber.

– Transar com ele *online*. Quantas vezes você fez isso? Quantas vezes foi?

– Como?!

– O Super7. Eu vi você teclando com ele, outro dia, no escritório, então não adianta negar. Era um dos caras com que você me traía.

– Eu não tenho nada com você agora. Faço o que quiser da minha vida e do meu tempo!

– Mas o Super7 é o Rogério!!

Bruna arregalou os olhos, incrédula.

– Eu não sabia que era ele!

Depois de uns instantes, completou:

– E não importa, agora.

–Importa, pra mim! Você tava com outro cara. E esse cara era o meu melhor amigo.

– Eu não sabia que era ele, não sabia que era o Roger.

– Mas você se envolveu. Você quis mais vezes. Manteve contato todos esses anos. Você não parou nem quando a gente se separou? Quantas vezes foi? Dez? Quinze? Cem?

– Ele não é ninguém. Pra mim, é um *nick* na tela.

– Sei.

Túlio andava de um lado para outro enquanto esfregava os cabelos:

– Ele foi o meu melhor amigo durante anos, e eu confiava nele. E você... você e ele...

Bruna irritou-se.

– Não era ele, é isso que você não entende!! Não houve envolvimento emocional. Acho que, no fundo, era isso o que eu buscava: um confidente, um parceiro. Alguém pra dividir minhas ideias, meus medos. Mas só o que tinha na *internet* era sexo, nada mais. Se eu tivesse me envolvido, você podia dizer que era um caso, uma coisa séria. Mas não era...

– Como, não? Você tirava a roupa pra ele! Vocês gozavam, enquanto faziam isso!

– Túlio, eu gostei de você desde a primeira vez, na festa. A gente se entendeu. Você me levou pra morar na sua casa. Isso é o que conta. Isso foi real.

– Real? Então por que é que, ao mesmo tempo, você ficava com outras pessoas? Hein?

– Era tudo distante. Palavras que a gente teclou ou falou no microfone.

– Só me diz uma coisa: Você gozou de verdade. Muitas vezes. Isso era real.

Túlio começava e concatenar seus pensamentos:

– Você tinha algo especial com ele, talvez mais que comigo. Isso seria horrível com qualquer um, mas o pior é que era com o meu amigo!!

– Eu nunca iria comparar você com ele. Aquilo era só sexo.

– Este é que é o problema. Homens conseguem isso. Mulheres, não. Mulheres não têm sexo sem envolvimento.

– O que mais eu posso dizer pra você acreditar que não foi importante? Que não foi nada, que foi só um escape, um tipo de droga que eu usei, mas de que agora estou querendo me livrar?

– Agora que você sabe que é o Roger, isso faz diferença?

– Muita. Eu acho que ele foi um grande safado! Sabendo que eu era sua mulher...

– E sabendo da sua tara, não é mesmo?

– Foi você que falou pra ele! Você, Túlio! Quando a gente morava junto. Você contava tudo pra ele, pensa que eu não sei?

Túlio admitiu para si mesmo que Rogério era a única pessoa que ele sempre buscava, quando precisava desabafar ou queria um conselho.

– Eu precisava falar com alguém. E confiava nele!

– E ele te traiu! Não foi? Ele! Não, eu!

– Essa é boa!

– Enquanto ele era um desconhecido, eu não precisava pensar nos sentimentos dele, nem nos meus, nem nos seus. Agora, muda tudo!

– O que muda?

– Bom... Se eu sei quem é a pessoa do outro lado, se é essa pessoa que me atrai por ser quem ela é, então você está certo de pensar em traição. Se eu soubesse que era o Roger e ainda assim teclasse com ele por ser ele, e se a gente enveredasse por outros assuntos, se a gente se encontrasse pessoalmente, então eu estaria traindo você, mesmo. Como ele sabia que era eu e que eu era sua mulher, eu acho que ele foi um tremendo canalha. Mas eu, não, Túlio. Eu, não...

– E os meus sentimentos, intensos, próximos, não eram reais? Nunca pensou em como eu me senti, quando descobri?

– Pensei – admitiu Bruna. – Mas era tarde demais. E agora eu só penso em recuperar o tempo perdido e refazer minha vida. Arranjar emprego, voltar pra faculdade. Cuidar da tia – ela omitiu de propósito a intenção de se casar com o russo.

Assim que o jovem advogado foi embora, Bruna entrou no *MSN*, excluiu e bloqueou boa parte de seus contatos. Estava cansada daquilo tudo. Sentia que era hora de mudança. Ficaram apenas Jugernaut e Grichka.

Túlio, sempre tinha confiado em Rogério incondicionalmente. Agora, a caminho de casa, sentiu-se desorientado. Vazio.

Era tanta coisa entre eles – a infância, os planos, os papos. O que tinha ocorrido, pra dar tudo tão errado?

De fato, reconheceu que era ele próprio que sempre ia atrás do amigo. Era ele que pedia sua presença e que tinha em Rogério a melhor pessoa para dividir suas dúvidas e conflitos. E, naquele dia mesmo, tinha ido até sua casa para procurar aconselhamento.

Rogério, o "politicamente correto", o "cara que não bebe álcool, só toma suco e chá branco", "não come carne vermelha, só branca", o "empresário responsável". Que logro! Que falta de vergonha na cara! Tudo isso circulava em sua mente.

E, quando se lembrou daquela tarde em que procurou o amigo para perguntar o que fazer sobre Bruna, e Rogério simplesmente falou dela como se fosse uma cadela, uma mulher baixa... agora que sabia do que ele fora capaz... Sentiu ódio!! Como ele podia falar dela, quando ele tinha feito muito pior?!

Depois, tentou pensar em como se tinha iniciado aquela situação e se sentiu culpado. Ele, ingenuamente, foi que contou pro Rogério da mania da Bruna! Abrindo seu coração para o amigo, ele plantou a semente da traição imperdoável na mente doentia do outro.

Túlio queria confrontar Rogério. Mas agora não era hora. Percebeu que ele o chamava pelo celular e ignorou a música irritante o quanto pôde, enquanto entrava na garagem do condomínio e, depois, no elevador.

– Cada um vive segundo a história que ouviu e em que acreditou – comentou Lua Vermelha. – Quando, na aldeia, nós nos sentávamos e ouvíamos novamente as histórias de criação do mundo e da luta de nossos antepassados, essas histórias entravam em nós e eram portadoras do sentido necessário para nossas vidas. Era um modo de ficar mais perto de Wakan Tanka, o Grande Mistério, pela comunhão de nossos pensamentos, que ajudava a fazer as nossas escolhas diárias pelo bem de todos.

Alex Lobo Saltador olhou para Lua Vermelha e o viu mais índio que antes. Era como se seus traços *dakota* houvessem se reavivado, como se os bordados de suas roupas ganhassem um tom mais vivo, seus cabelos lisos se alongassem pelas costas. Quase ouvia o vento da planície e o crepitar da fogueira...

– Quando nascemos, alguém começa a nos contar uma história, de que passamos a fazer parte. São nossos pais, os xamãs, os anciãos da tribo, que trazem essas histórias para dentro de nós e nos colocam dentro dessas histórias.

– Eu me lembro de muitas delas... Mas há tempos não pensava nisso.

– Quando saem do corpo pela morte, alguns de nós recebem as histórias de suas outras vidas. Foi o seu caso. Você decidiu valorizar as histórias de Aleksandro, o jovem aspirante a filósofo, e deixou as outras de lado, por um tempo. Mas a sua escolha foi pela pressão da culpa e da vergonha. Você achou que prejudicou seu povo índio e se refugiou nas recordações de uma época em que, segundo crê, não cometeu erros tão sérios...

Alex não esperava que a conversa tomasse aquele rumo.

– É verdade – concordou o rapaz. – Eu não pensei direito e me deixei levar. Eu já tinha ouvido muitas vezes que cada escolha nossa deve levar em conta os seus efeitos até a sétima geração. Não podia alegar ignorância. Tinha acabado de me tornar um homem perante os meus companheiros, mas não honrei essa condição. Eu devia ter pensado se minha decisão iria prejudicar alguém, e se não tinha como evitar isso. Se eu tivesse raciocinado assim, não sentiria a culpa e nem a vergonha.

Lua Vermelha achou por bem não forçar as emoções de Alex, então tornou a falar de Túlio, Rogério e Bruna.

– A vida na cidade grande, no mundo moderno, é muito difícil. A história que ela nos conta é muito triste e cruel. E exigente, o que acaba por abater os mais fracos ou subjugá-los. Quando vivíamos nas planícies, nossa história tinha sido escrita por Wakan Tanka. Estar dentro de uma história que pertencia ao Grande Mistério era seguro, nos dava diretrizes boas de vida. O Grande Mistério era sempre bom e queria sempre o bem. Sabíamos que cada polegada de chão pertencia a Wakan Tanka, e que, ao pisar esse chão, desenhávamos nossas pegadas na vida, que nos levariam em segurança até a terra dos mortos. O problema desses jovens é a ignorância de sua história, aquela que vieram viver aqui.

– Túlio, no momento, parece sem chão... – observou Alex.

– Essa é uma boa descrição da sensação... Ele cresceu num bom lar, de pais unidos e financeiramente estáveis, como filho único que carregou consigo muitas das expectativas deles. Ele sempre foi inteligente, sempre teve muita garra para conseguir o que quis. Mas o problema foi que ele nunca entendeu por que ele queria tudo isso. O diploma, o emprego, o apartamento. Ele apenas se deixou cair no fluxo das cobranças sociais e familiares. E, quando encontrou um amigo, ele colocou essa amizade num altar muito alto da sua devoção. Porque a amizade era a sua grande alegria e também seu principal apoio, no lugar da história que poderia estar vivendo, mas que desconhecia...

– Que história?

– A história do grande propósito da vida. Da melhoria de nós mesmos. Das boas relações com as pessoas. Do aprendizado infinito.

– Mas ele exercitou isso, não foi? Ele passou por cima do orgulho e ajudou Bruna, quando Maria sofreu a queda. Admitiu seus sentimentos. Admitiu a possibilidade do perdão. Acreditou nas boas leituras que fez.

– Agora só falta ele encontrar a grande história onde tudo isso se encaixa. Incluindo a desilusão pela atitude do amigo, o que no momento representa o pedaço mais difícil.

– Irmão, qual você acha que é a história que ele está vivendo? Essa, do homem moderno da cidade?

– É uma supervalorização equivocada do dinheiro e do poder pessoal. Do poder de consumo. São conquistas que não levam, nem à paz, nem à felicidade mais profunda de amar e servir, de aprender e evoluir. Tomando o dinheiro e o poder por itens principais, tudo o mais fica secundário. Hoje em dia é comum a família vir depois, os filhos virem depois. O próprio discurso sobre sustentabilidade acaba se esvaziando, porque ele está atrelado sempre à questão central do poder e do dinheiro. O industrial diz: "Eu posso escolher uma matéria-prima ecoamigável, mas desde que ela custe o mesmo tanto ou, então, menos." Aí, eles contabilizam o capital imaterial, a imagem do fabricante: "Ah! Mas se você vender um produto sustentável, vai criar uma empatia com o consumidor e vai vender muito mais!" – diz a pessoa do *marketing*. E só aí é que a decisão pela sustentabilidade é tomada...

Alex logo percebeu o contraste:

– Quando vivíamos na planície, a continuação da natureza e de nós mesmos era o ponto de partida. Eu me lembro quando o branco chegou, deixando seu lixo e suas sobras por todo lado, sem nenhum respeito por nada...

– É que eles ainda precisavam aprender, Alex. Você achava que eles tinham boas coisas, boa bebida, boas armas, apreciava os artefatos dos brancos. Você veio um dia até minha tenda e disse que nós éramos atrasados, burros, que devíamos viver como eles. Depois, trouxe aquele ouro, bem quando eu perdi Pena Pequena.

– Foi meu grande erro, Lua Vermelha. Eu não enxergava o que agora enxergo.

– Veja, Lobo Saltador, não é que o progresso seja ruim. O progresso por si mesmo não é bom nem ruim, depende de para onde ele caminha. O progresso dos brancos caminhou para a guerra e para a destruição, até o momento. Talvez eles um dia consigam viver outras histórias, onde seus dias sejam melhores.

– Uma história que não tem fim...

– Ah! Até que enfim você entendeu, aluno! Não existe fim...

Marjorie teve um tipo de inspiração. Pediu para Assunta colocá-la em contato com Eulália. Sentia-se incapaz de ajudar Marcelo naquele momento e lhe ocorreu que podia ter algum auxílio espiritual. Como Eulália era espírita há muito tempo e até dirigia um departamento no GEUB, talvez lhe apontasse um caminho.

A simpática senhora recebeu Marjorie no final da tarde daquele sábado. Assunta pensou em ir junto, mas achou melhor respeitar a vida particular da filha. Quando se sentaram no sofá, Marjorie sentiu lágrimas brotarem de seus olhos, o que fez a anfitriã se levantar, sair e voltar com uma caixa de lenços de papel.

– Dona Eulália, eu vim pedir ajuda, para o meu... namorado... o Marcelo. E pra mim também, por causa dele.

– Diga, querida.

– Ele descobriu um problema cardíaco, e isso mudou o seu comportamento. Parece que ele, ou tem medo, ou se vê condenado...

– É sério?

– Pelo que entendi, mais ou menos. Ele precisa se resguardar um pouco, diminuir a atividade física, que é uma das coisas de que ele mais gosta na vida. Ele é campeão de *ninjitsu*. E foi proibido de lutar, ao menos, por enquanto... Mas acho que o maior problema é psicológico, ele está se sentindo frágil. E, agora, cismou que não pode namorar, porque eu iria virar uma enfermeira pra ele, e ele diz que não quer um namoro assim.

– E você, o que está pensando?

– Às vezes, acho que ele está exagerando. Mas, se eu disser isso pra ele, penso que vai ficar descuidado e pode, aí, sim, ser perigoso.

– Você iria ao GEUB? Acha que ele poderia ir com você? Temos uma reunião semanal de assistência espiritual, com passes e orientação mediúnica. Já tivemos alguns casos de melhora e cura física. Não sei se ele teria esse merecimento, mas há esperança. A próxima reunião é na segunda à noite, a partir das dezenove e trinta.

– Como funciona? – perguntou Marjorie, com alguma ansiedade.

– As pessoas chegam, preenchem uma ficha simples, com seu nome completo e idade. Não precisa colocar sintomas, nada. Depois, as pessoas são encaminhadas para o salão, onde são feitas leituras e há um fundo musical bem relaxante. Muitos são atendidos ali mesmo, durante esse estado de relaxamento e elevação do pensamento, e já se sentem melhor. As fichas vão para a sala dos médiuns, que não têm nenhum contato direto com os atendidos. Quando necessário, os médiuns escrevem orientações nas fichas, as quais são devolvidas aos atendidos, no final da reunião. Às vezes, é anotada uma data para a pessoa retornar, em um ou dois meses; às vezes se recomenda o recebimento dos passes semanalmente... enfim, depende de cada caso.

– Bem, eu não vejo por que o Marcelo não iria. Ele é meio avesso a rituais religiosos, mas essa reunião é tão simples, tão despojada... Creio que ele se sentiria bem. Eu vou falar com ele!

– Que bom! E eu vou pedir em prece que ele seja bem intuído, que ele busque ajuda espiritual. Se não esta, pelo menos, alguma ajuda espiritual que lhe seja benéfica.

Marjorie saiu da casa de Eulália já telefonando para Marcelo, e avisou que iria até a casa dele.

Quando Marjorie saiu, Eulália ligou para Cleide, mas foi atendida por Deninha. Considerando a maturidade da menina para assuntos espirituais, explicou o motivo de estar ligando. Ao mencionar o nome de Marjorie, Eulália não poderia saber, mas o coração de Dena deu um salto.

Marjorie, afinal, não vivia do outro lado do planeta: viviam na mesma cidade, tinham o mesmo círculo de amigos.

Eulália pedia ajuda, no sentido de vibrarem pela saúde de Marcelo e para que ele pudesse comparecer à reunião de assistência espiritual. Conhecia o poder do invisível e tinha aprendido a colocá-lo em ação, tendo sempre resultados muito bons.

Quando desligou, Dena ficou pensativa. Decerto, vibraria pelo auxílio a Marcelo e a Marjorie. Transmitiria o recado a Cleide.

Mas deveria contar para Rogério? Deveria não contar?

Era uma situação complicada. Afinal, Marcelo passou mal e tudo isso tinha começado naquele dia, em que Rogério foi até a casa dele, o dia seguinte ao seu aniversário e ao dia do beijo que desencadeou tantos efeitos posteriores...

Após pensar muito, Dena entendeu que não tinha nada que contar. Era um assunto particular de Marjorie e Marcelo. Marj confiara seus conflitos a Eulália para obter orientação. Se a conversa tivesse ocorrido no centro espírita, seria um assunto privado. E ela concluiu que era assim que o assunto deveria ser tratado, com absoluta discrição.

Não julgueis

Mt 7,1

Bruna só pensava em olhar frente a frente o descarado do Rogério. Tinha sensações tão confusas – de raiva, de nojo, de arrependimento –, que não pôde fazer mais nada a não ser bater à porta da vizinha que, felizmente, estava em casa. Avisou que tinha surgido uma emergência e que ela precisava sair, pedia a gentileza de ficar de olho na tia Maria, que ela voltaria logo.

Vestiu a roupa mais à mão, prendeu os cabelos num coque desleixado e desceu pensando em conseguir um táxi. Lembrava mais ou menos do endereço do Rogério e saberia dar as indicações ao taxista.

Quando chegou ao portão, o sol acabava de se pôr e ela notou luzes acesas lá dentro. Pagou, desceu do táxi e tocou a campainha.

Rogério não sabia ainda do que tinha se passado, continuara tentando falar com Túlio, sem sucesso. Totalmente desprevenido, abriu a porta da sala e deparou-se com uma mulher quase histérica.

– Pilantra! Cachorro! – ela gritou, do portão. – Não, nem precisa abrir, que eu não vou entrar.

– O que é que tá acontecendo? Calma!

– Você é um canalha, um safado! Há quanto tempo você me engana e engana o Túlio?

– Enganar?! Peraí... Do que você tá falando? Vamos entrar e conversar com calma? Aqui tem muita gente passando...

– Ah! Tá com medo das pessoas saberem como você é podre? Baixo? Asqueroso?

– Se você não parar, eu vou ligar pra polícia... Você não tem o direito de vir me ofender na porta da minha casa!

– E você? Tem o direito de me bolinar pela internet? De trair seu melhor amigo?

Somente então Rogério entendeu o que tinha ocorrido. Túlio tinha descoberto a sua tara. E tinha descoberto a sua relação virtual com Bruna.

– Calma aí, sua vadia! Sua vaca! Vai querer me dar lição de moral, é?

Rogério passou a falar cada vez mais alto:

– Sua vagabunda. Você acabou com a vida do Túlio, sua piranha. Eu sou amigo dele, você é a mulher que botou chifres na testa dele...

– Eu não traí o Túlio, você traiu!

– Por quê? Por que eu via você pelada? Eu nunca encostei um dedo em você! Eu só fantasiava. Não é isso que a gente faz?

Bruna percebeu naquele momento a contradição. Percebeu, mas como se tomasse um tapa no rosto.

Sempre achou que havia dois tipos diferentes de relacionamento sexual: o real e o virtual. O real era comprometido. O virtual era um passatempo. As pessoas reais eram importantes. Os contatos do MSN eram só... Seu pensamento foi interrompido pela fala de Rogério:

– Eu não enganei você, porque eu nunca menti pra você. Você nunca quis saber meu nome real e nem me pediu uma foto, sequer. Tudo o que fizemos foi digitar palavras. Eram a Princesinha e o Super7 que transavam.

– Mas você me viu... Você me comeu com os olhos... Era eu, não era Princesinha, e você sabia que eu tava com o Túlio.

– Porque você também quis, gata. Porque você deixou... E deixou por muito tempo... Eu não vou negar: quanto mais o Túlio falava das coisas que você aprontava, mais eu queria você. Eu sonhei com você. 'Tocava umazinha' pensando em você.

Bruna fez uma expressão de nojo.

– No entanto, eu não fui cantar você e nem propus termos um caso. Isso, sim, seria errado. Mas se você tava dando pra tantos homens pela rede afora, por que eu também não poderia? Por acaso, eu sou diferente dos outros?

A moça ficou sem resposta. Ficou sem palavras. Virou as costas para Rogério e saiu, sem enxergar nada, sem conseguir pensar.

Ao descer da calçada para atravessar a via de mão dupla, Rogério pressentiu o perigo e correu.

– Espera!

Por um momento, pareceu inevitável: o ônibus lotado vinha rápido demais e ela simplesmente não via. A reação reflexa de Rogério, contudo, foi mais rápida. Ele correu e empurrou Bruna, que foi cair na calçada oposta, agindo como se acordasse de um transe.

Rogério foi atingido na cabeça pelo espelho do ônibus, que não parou para socorrer nenhum dos dois.

– Bruna! Você está bem? – Rogério dizia isso enquanto ia apanhar a bolsa, que tinha voado de encontro ao muro.

Passantes se aproximaram, comentando o absurdo da situação e culpando o motorista imprudente. Um homem ofereceu-se para chamar o resgate, uma mulher perguntou a Bruna se tinha algo doendo.

– Eu... acho que... foi só o joelho.

A calça estava rasgada e havia um machucado sangrando muito. Bruna pareceu tomar consciência do que tinha acontecido.

– Você se machucou? – perguntou a Rogério.

O rapaz tinha uma marca perto da nuca, que viraria um hematoma.

– Não foi nada. Você tá maluca? Sair andando, assim?

– Meu Deus! Eu podia ter morrido!

– Podia, sim. Não se atravessa uma rua movimentada desse jeito.

– Bom... acho que eu devia agradecer pelo que você fez... Obrigada.

– O importante é que você está bem. Quer ajuda pra levantar?

– Não precisa. – Bruna não queria que ele encostasse as mãos nela. – Eu consigo.

– Vamos lá em casa, eu te dou uma água, você lava esse joelho...

Bruna hesitou. Mas achou melhor concordar.

– Isso não muda nada...

– Eu sei que não. Mas não é hora de falar disso agora, você precisa de ajuda.

Ao chegar à sala da casa, Rogério foi buscar a água. Depois mostrou o banheiro e ofereceu uma toalha limpa. Bruna entrou, trancou a porta e cuidou de lavar o ferimento, que ainda sangrava. Vinte minutos depois, pediu a Rogério pra chamar um táxi. Ele se ofereceu para levá-la, mas ela recusou terminantemente.

Ao chegar em casa, Bruna só pensava em sumir. Queria realmente não ser mais ela mesma. Chorou. Depois enxugou as lágrimas e foi ver a tia no quarto; beijou-a, esquentou um prato de sopa e levou para ela. Ligou o computador e resolveu escrever para Grichka:

> Bruna: amor? não sei se tá acordado. se estiver, preste atenção: não precisa vir pra ca. eu vou dar um jeito de ir praí. não quero mais viver aqui. não quero mais encontrar ninguém daqui, quero uma vida nova. assim que ler, me escreve pra gente combinar. beijo

Depois de um tempo sem resposta, imaginando que o russo estaria dormindo àquela hora, ela tentou falar com Túlio, mas só caía na caixa postal.

Precisava conversar, precisava fazer alguma coisa. Foi quando Jugernaut entrou.

> Jugernaut: Bruna, oi! Vc pode tc?

> Bruna: sim

Não apenas podia, como desejava imensamente.

Ela então contou tudo o que havia acontecido, até o quase-atropelamento. Esqueceu-se da vergonha que sentia de seus comportamento e da raiva; tinha que desabafar e aquela parecia ser sua única oportunidade de fazer isso.

> Bruna: o que vc acha? eu to enlouquecendo? não aguento mais

> Jugernaut: Eu não acho que vc está enlouquecendo.

> Jugernaut: Acho que precisa de ajuda.

> Bruna: ajuda, como? não sei onde buscar, não sei o que tenho

> Jugernaut: Vc podia começar procurando ajuda espiritual. Um pouco de equilíbrio interior ia ajudar vc a saber se é um

caso para terapia. Ou se é espiritual. Minha intuição diria que é uma questão pra ser levada a um psicólogo, mas que existe um componente espiritual.

Bruna: que vc quer dizer?

Jugernaut: Que vc tem problemas emocionais que precisa reconhecer e resolver, mas que esses problemas atraíram espíritos afins, e esses espíritos estão influenciando vc. Nesse caso, vc precisa cuidar do lado emocional, que já vai fazer diferença no lado espiritual. Mas tb pode procurar ajuda numa casa espírita, com uma pessoa de confiança que a oriente. Pode se socorrer em boas leituras e na prece, mas o importante é a mudança de atitude íntima.

Bruna: Por que isso foi acontecer comigo?

Jugernaut: A ação dos espíritos sobre os encarnados é um fato comum. Eles compartilham o mesmo meio que nós, nos circundam e nós podemos ser mais ou menos permeáveis aos seus pensamentos. Mas a forma como acontece com cada um tem a ver com a sua maneira de ser e agir. Se vc mudar, suas parcerias espirituais vão mudar tb.

Bruna: entendo

Jugernaut: Vc tem algum lugar conhecido pra ir? Se não tiver, posso sugerir...

Bruna: Tenho, sim. Quero dizer, eu nunca fui lá, mas sempre pode ter uma primeira vez.

Quando se despediram, Bruna notou que Grichka ainda não tinha respondido. "Melhor assim" – pensou, pois, agora, passado o desespero de uma hora atrás, ela também achou que mudar-se para a Rússia seria uma loucura impensável.

Ela achava intrigante o efeito que as conversas com Jugernaut tinham sobre ela, desde a primeira vez. Porém, só mais tarde ela ficaria sabendo que aquela sensação de tranquilidade e discernimento também era incentivada pelos espíritos que inspiravam Jugernaut.

Um mês depois, ela quis conhecer Jugernaut (ou melhor, Emanuel) pessoalmente, e eles combinaram um almoço que acabou sendo o primeiro de muitos outros.

Quando Marj chegou ao apartamento de Marcelo, foi Léia quem abriu a porta. Tinha uma expressão preocupada e disse que estava saindo para o aeroporto, pois precisava ir até Cumbica, buscar o marido que retornava de viagem.

– Ainda bem que você chegou, o Marcelo não saiu do quarto o dia todo e não estava querendo deixá-lo sozinho.

– Pode ir sossegada. Eu fico até você voltar.

Ao entrar no quarto, encontrou Marcelo barbado, de bermuda e camiseta manchada na barriga. A jovem viu um lanche quase intocado sobre a mesa do computador.

– Amor! – Marjorie abraçou-o, mas ele desviou do beijo na boca.

– O que é isso, agora?

– Vamos conversar...

– O quê?

– Acho que a gente devia ficar só amigo.

– Por quê? Ouça, eu tenho algo pra dizer...

– Porque eu não sou mais o Marcelo que eu era.

– E daí? E se eu ainda quiser esse Marcelo que você é agora?

– Aí, eu que não vou querer. Não quero ser um peso. Não quero que você fique comigo por dó.

– Que absurdo! Eu não estou com você por dó. – protestou Marj. – Escuta o que eu vim falar, primeiro.

– Tá bem, pode falar.

– Eu fui na dona Eulália, amiga da minha mãe. Ela é do GEUB. Eu estava sem saber o que fazer e a minha mãe sempre busca orientação espiritual lá, através da dona Eulália. Eles têm um trabalho de orientação especial uma vez por mês e o próximo vai ser nessa segunda-feira. Eu vou. E queria que você fosse comigo.

– Trabalho espírita? – perguntou Marcelo, mostrando uma certa descrença. – Você sabe que não gosto de igreja, nem de ritual...

– Sei. Mas lá não tem ritual. E os médiuns nem veem as pessoas atendidas, é tudo feito de uma forma muito simples, ética. Você só vai preencher uma ficha, sentar numa sala com música e pessoas lendo textos espíritas, depois, se for o caso, a sua ficha vem com uma orientação anotada. E você segue a orientação só se quiser...

– Não sei...

– Não custa tentar. Você tem algo melhor pra fazer, outra porta pra buscar ajuda?

Marcelo reconheceu que não. E tinha a tia Cleide, que ele amava "de paixão". Ela deveria estar lá.

Lembrou-se então da mensagem que ela havia trazido, de Lobo Saltador. O nome era o mesmo do espírito que o tinha ajudado, naquele dia do mal estar súbito. E isso era algo que somente ele sabia e somente ele podia saber, pois não tinha contado a ninguém. Precisava reconhecer que a psicografia de Percy tinha de ser autêntica, e então concordou:

– Está bem, gata. Acho que vale a pena tentar.

Marjorie abraçou-o contentíssima.

– E sobre esse assunto bobo de não querer mais namorar, eu só concordo em falar a partir de terça. Ok?

– Ok.

Ao saber da boa notícia, Alex Lobo Saltador buscou Lua Vermelha. Estava tomado por certa ansiedade misturada com alegria e confiava no irmão que ele considerava um mestre.

– Diógenes, eu estou sabendo que o Marcelo vai ao GEUB em busca da ajuda espiritual para o seu problema. Você vai ajudá-lo?

– Em que tipo de ajuda você está pensando?

– Você é um grande curandeiro, Lua Vermelha. Você pode curar o Marcelo!

– Não é tão simples assim. Há a lei divina. Há a necessidade da permissão para que eu o ajude...

Lua Vermelha silenciou alguns instantes, depois continuou.

– E há o juramento. Aquele que eu fiz e não posso quebrar.

– Que juramento?

– O juramento de jamais usar o conhecimento índio para curar o homem branco.

Alex sentiu-se cair num redemoinho de lembranças. A guerra com os brancos, a morte de Pena Pequena, a tristeza profunda, o ouro inútil...

– Sim, eu me lembro do juramento.

– Eu não posso curar o homem branco. O homem branco foi a raiz de toda a infelicidade que atingiu a nação *sioux*.

– Mas... você não acha que foi por algum desígnio de Deus? Por alguma justiça que desconhecemos, mas que está na lei divina?

– Eu gostaria de acreditar nisso. Mas não consigo...

Lua Vermelha esfregou os olhos com as mãos.

– Mas, Lua Vermelha, o Cabelo Amarelo não quis lutar contra nós. Ele abandonou a vida militar. Ele cuidou de mim quando eu me machuquei. Ele foi um bom companheiro de viagem. Ficamos bons amigos. E me deu ouro que ele mesmo tinha garimpado, pra eu trazer pro meu povo.

Lua Vermelha sorriu quando ouviu Alex falar dos *sioux* como "nós" e como "meu povo". Fazia tempo que isso não acontecia.

– Eu é que cometi muitos erros – completou Alex. – Eu não voltei para avisar. Fui buscar ouro, em lugar de ficar com os meus irmãos. Eu não lutei. Fui pra longe. Isso é que foi errado, isso é que foi uma grande vergonha para Lobo Saltador. Se eu estivesse no acampamento, talvez tivesse salvado a vida de Pena Pequena, talvez tivesse evitado o seu sofrimento, Lua Vermelha... mas Cabelo Amarelo nada tem a ver com isso!

– Você foi envenenado pelo desejo do ouro. Você estava envenenado, não estava em seu juízo perfeito. Você realmente acreditava que estava agindo da maneira certa. Além disso, de qualquer maneira, depois os *sioux* perderam as Black Hills, perderam mais terras, perderam muitas coisas. E isso não teve nada a ver com o que você fez.

Alex ficou profundamente emocionado e reconheceu que não tinha argumentos para convencer Lua Vermelha a curar Marcelo. Ele então começou a pensar no que poderia ser feito, quando Lua Vermelha finalmente falou:

– O ouro envenenou o homem branco, e o homem branco quando é envenenado pelo ouro sempre perde seu coração. Mas, se o homem branco reencontrar seu coração, então ele será capaz de pensar como índio e de entender o que o índio sente.

– E o seu coração, Lua Vermelha, não pode ajudar você a entender o homem branco? Você já foi branco, já foi grego, já foi tanta coisa...

Lua Vermelha admitiu intimamente que poderia repensar algumas coisas. Mas quebrar seu juramento ainda estava fora de questão.

A pequena abertura de sua mente, a disposição de repensar criou uma pequena fresta de luz nova. E essa luz foi percebida até por Alex, que, respeitosamente, permaneceu calado, enquanto tentava entender o que ocorria.

Foi quando a pequena luz surgida num pequeno ponto começou a adquirir uma forma diferente, única. Era a forma de um ser iluminado se aproximando de Alex e de Lua Vermelha. Quando pôde perceber de quem se tratava, Lua Vermelha ficou paralisado: era ela. Era Pena Pequena.

– "Na floresta não há morte nem apuros / A alegria não morre quando se vai a primavera / O pavor da morte é uma quimera que se insinua no coração / Pois quem vive uma primavera é como se houvesse vivido séculos..." – ela falou.

Lua Vermelha emocionou-se. Gibran era o poeta preferido de Pena Pequena. E aquele poema o fez lembrar-se de todas as primaveras que a teve ao seu lado. Lembrou-se de seu cuidado com a pele do búfalo. De todo seu carinho com o cavalo malhado, que ela e ele tanto amavam. Ele, afinal, tinha recebido naquela esposa um grande presente de Wakan Tanka, e cada dia que ele passou ao lado de Pena Pequena foi uma joia adornando sua existência.

– Eu vim para falar do seu juramento, meu amado. Eu vim para falar da sua história.

Lua Vermelha baixou os olhos e esperou. Pena Pequena continuou:

– Lua Vermelha vive dizendo que as histórias não têm fim. Vive dizendo que vivemos segundo a história que nossos antepassados nos contaram e que o homem branco não sabe mais qual é a história que está vivendo.

– É verdade – concordou Lua Vermelha.

– Mas, com seu juramento, Lua Vermelha determinou o fim de uma história que não precisava ter acabado dessa forma. E resolveu terminar uma história em seu ponto mais triste, mais sem esperança. Por quê? Só porque Pena Pequena morreu pela mão de um soldado branco? Eu não morri naquele dia, meu amado. Eu fui para a aldeia de nossos antepassados. Eu fui conhecer o acampamento dos grandes guerreiros *dakota*. E o conselho dos chefes me recebeu em sua tenda, naquele dia inesquecível. Eu agradeci o acolhimento. E eles me disseram que queriam receber você também, um dia. Só que este dia já está demorando muito...

– Por quê? – perguntou Lua Vermelha.

– Por causa dos seus apegos e dos seus hábitos. Enquanto não se libertar das questões da terra, não poderá abraçar completamente as coisas do céu...

– Eu sei. Eu sempre soube.

Alex assistia à cena como a uma das maiores lições de toda a sua vida milenar. E não se atrevia a dizer nada.

– A pergunta seguinte dos sábios para mim era sobre os meus temores: o que eu temia? – narrou a índia, e o vento parecia balançar seus cabelos sobre seu rosto, o que a fez retirá-los delicadamente para trás dos ombros.

– Depois de repassar sensações internas, concluí que ali, eu não temia nada. Havia mesmo um ar de segurança, de eternidade envolvendo tudo... Então eles me disseram que ali estava tudo o que realmente existe, e que, se eu nada temia ali, não precisava temer outras coisas em nenhum outro lugar. Naquele momento, Lua Vermelha, passaram pela minha mente os meus hábitos e os meus apegos. Eu os vi assim mesmo, como passageiros, como coisas deixadas para trás. E vi que isso me dava nova perspectiva para as resoluções que deveria tomar.

– E que lugar era aquele? Onde ficava? Porque, em vida, eu visitei um lugar assim, quando saía do meu corpo, mas nunca fui lá por meus próprios passos, sempre junto com outros...

– Eles disseram pra mim que aquele era o lugar real, a comunhão com os grandes espíritos dos antepassados. E eu vi seus rostos como imagens sobre nossas cabeças. Aquela era a comunhão com os grandes, Lua Vermelha. E essa comunhão é a maior força que nos leva adiante e que garante nossa coragem e serenidade. Está tudo lá, na vida imortal. O povo *dakota*, a tradição *dakota*, os conhecimentos de nossos ancestrais. Nosso povo não morreu, Lua Vermelha. Nós perdemos nossos corpos ao entrar em combate, mas de que vale ser um guerreiro se ele não encarar essa possibilidade? O que é real permanece vivo.

Lua Vermelha estendeu seus braços para abraçar Pena Pequena. Aquilo tudo era verdade e ele não podia negar. O seu juramento de mais de um século virou um grão de poeira diante daquela realidade que ele conseguia agora enxergar.

Lua Vermelha, então, voltou-se para Alex Lobo Saltador e anunciou:

– Você estava certo, Lobo Saltador. Eu vou ajudar o Cabelo Amarelo a se curar. Vamos ao encontro da equipe espiritual do GEUB, que eu preciso pedir-lhes as permissões.

Alex sorriu. Segurou as mãos de Pena Pequena e agradeceu emocionadamente. Pena Pequena entregou-lhe então um pequeno grão de milho.

– Lembre-se, jovem Lobo. Quando se planta ouro no chão, ele apenas fica ali enterrado como um cadáver. Quando se planta uma semente no chão, ela realmente vira vida e alimento para muitos.

Agora, Lua Vermelha tinha uma história para continuar. Ao conversar com os dirigentes espirituais do Grupo Espírita Unidos no

Bem, ele disse que admirava o modo como eles trabalhavam, mas que o melhor jeito de curar que conhecia ainda era o jeito índio. Perguntou se poderia usar a sua arte de cura para ajudar Marcelo, enquanto ele estivesse no salão, provavelmente em atitude receptiva.

O grupo de dirigentes em nada se opôs, pois conhecia a eficácia comprovada de métodos curativos aplicados há milênios. Disseram mesmo que para muitos ali seria uma excelente oportunidade de aprendizado.

E foi assim que, na segunda-feira, às 19 horas, Marcelo e Marjorie chegaram ao GEUB – meia hora antes do horário que Eulália tinha passado – para garantir que não haveria atrasos e que pudessem preencher a ficha tranquilamente.

Para surpresa de Cleide e da própria Marjorie, Túlio decidiu aparecer no trabalho. Preencheu uma ficha e sentou-se numa cadeira distante de todos os conhecidos. Ninguém sabia dele desde sábado.

Mas Túlio ficou realmente espantado com o que viu do lugar onde estava: já muito perto do horário do início da reunião, ele viu Bruna entrar pela porta e sentar-se numa das cadeiras da última fileira. Bruna não o viu.

O início da reunião foi pontual.

A música de fundo inspirava ao recolhimento, Cleide levantou-se de onde estava e foi até a frente. Convidou os presentes a silenciar a mente, buscando um estado íntimo de elevação e abertura para o auxílio espiritual.

Terminada a prece, um grupo de jovens que estava sentado à frente ia se revesando em leituras, que se alternavam com momentos em que somente se ouvia música.

Marjorie segurou a mão de Marcelo, que fechou os olhos e tentou relaxar, focando sua atenção na música e nas palavras lidas. Quase todos os textos eram poéticos, as imagens evocadas eram belas e calmantes.

Num segundo momento do trabalho, uma fila de médiuns aplicadores de passes começou a passar entre as cadeiras, posicionando-se diante dos atendidos e simplesmente impondo-lhes as mãos. Alguns dos presentes não sentiam diferença alguma durante o passe, outros percebiam-se mergulhar em vibrações e alguns conseguiam registrar a presença dos espíritos que ali estavam para auxiliá-los. Algumas pessoas vertiam lágrimas, por diferentes razões.

Logo após o passe, a equipe espiritual iniciava os seus trabalhos e, a partir dali, os encarnados precisavam apenas manter-se serenos e com pensamento elevado.

Os médiuns na sala dos fundos passaram a manusear as fichas, anotando as orientações dos espíritos. E alguns presentes sentiram a aproximação de amigos espirituais que iriam efetuar o tratamento que pudesse ser feito para os seus casos específicos, aproveitando-se da condição especial em que os pacientes se colocavam e das vibrações criadas no ambiente.

Lobo Saltador aproximou-se de Marcelo, que, sem vê-lo, registrou a familiaridade no contato. Lua Vermelha e Lobo Saltador visavam isolá-lo do ambiente, para depois provocar um leve desprendimento entre o espírito e o corpo. Seria, segundo Lua Vermelha, uma forma de fazer com que ele expandisse sua visão e enxergasse mais claramente seu problema. Este seria o começo do tratamento espiritual para ele.

Criou-se, então, o ambiente de uma tenda em torno de Marcelo, onde havia uma pequena fogueira crepitando. Lobo Saltador começou a tocar o tambor num ritmo lento, e Lua Vermelha iniciou um canto que Marcelo ouvia, mas sem compreender, enquanto agitava uma maraca de forma muito precisa.

O canto teve um efeito profundo sobre Marcelo, que em minutos esqueceu-se de onde seu corpo estava. Marjorie percebeu a mudança, soltou-lhe a mão e entrou em prece com mais intensidade.

Assim que Lua Vermelha percebeu que Marcelo experimentava um grau suficiente de desprendimento, pediu a Lobo Saltador que continuasse tocando o tambor e dirigiu-se ao espírito que buscava cura.

– Venha comigo – disse o curandeiro, com firmeza.

Marcelo, confiante, obedeceu, seguindo Lua Vermelha que andava pelo terreno plano. Depois de uma caminhada em que o rapaz se habituou à nova situação, Lua Vermelha parou diante dele e disse:

– Estou aqui para ajudar você a se curar. Preciso que você confie e faça o que eu disser.

Marcelo assentiu, ainda sem conseguir falar. O curandeiro então apontou a planície com o braço e explicou:

– Ande comigo. Vamor procurar por uma pedra. Não qualquer pedra, mas uma pedra que chame sua atenção.[19]

O rapaz foi conduzido para outro meio, como se houvesse apenas uma leve membrana invisível separando a planície desse meio. Marcelo se viu descalço seguindo Lua Vermelha, numa trilha que começava a subir uma montanha.

Marcelo teve então um relance de sua vida passada: aquela montanha era uma das Black Hills e ele já tinha estado ali! Reconheceu o vento, os aromas. E então lembrou-se de que devia procurar uma pedra especial.

Ao encontrá-la, ele a apontou e Lua Vermelha foi até ela. O índio pediu que o rapaz apanhasse a pedra, olhasse um dos lados e dissesse o que via. Marcelo viu que as ranhuras e manchas da pedra mostravam uma cena. Ao concentrar-se na cena, viu-se abandonando o exército e fugindo a cavalo, na sua encarnação anterior.

Lua Vermelha pediu então que ele contemplasse outra face da pedra, o que ele levou algum tempo para conseguir fazer. Viu-se então abandonando a faculdade de artes cênicas, o que o levou a arrepender-se posteriormente.

Ao contemplar a terceira face da pedra, viu seu pai assumindo o cargo na empresa e, nessa nova função, ele necessitava passar pelo menos nove meses em cada ano em viagens pelo mundo. Sentiu novamente, como criança que era na época, a saudade e a dor da ausência. Lembrou-se de que seu pai estava em casa desde sábado à noite, mas que ele tinha feito de tudo para não passar além dos contatos breves e formais com ele.

Ao contemplar a quarta face da pedra, observou num *flash* o grande número de amigas e namoradas que ele tinha conquistado, mesmo que durante longo tempo só tivesse pensamentos para Marjorie.

Lua Vermelha acompanhava de perto todo o processo, mas perguntou, mesmo assim:

– O que você viu?

– Solidão – respondeu Marcelo.

– Por quê?

---

[19] Esta prática de cura é descrita por Michael Harner em *O caminho do xamã*, Ed. Cultrix.

– Segurança. Proteção.

– Como?

– Eu fugi da vida militar para não ser obrigado a fazer o que não queria. Fugi dos cursos em que não me encontrava. Com exceção do curso de artes cênicas, do qual saí porque eu tinha dificuldade em trabalhar em equipe. Mas senti falta. Meu pai passou a maior parte da minha infância e adolescência longe de mim, eu tive de me acostumar. E eu nunca tive nenhum namoro pra valer, pra não sentir a dor do abandono novamente. Mas aí veio a Marjorie, que nunca saiu da minha cabeça.

– E agora que ela quer ficar com você, você tenta afastá-la.

– Eu não quero que ela se comprometa com uma pessoa doente.

– Você não é um doente. Você é um aprendiz. Seu problema é tratável, embora crônico. Você vai poder voltar a lutar, como tanto gosta. Mas está usando seu coração como pretexto para não ter de se aproximar das pessoas, enquanto aquilo que mais faz bem ao coração é ser doado às pessoas que se ama.

Marcelo sentiu lágrimas brotando de seus olhos, e seus olhos carnais lacrimejaram.

– O que eu devo fazer?

– Usar o que descobriu aqui para tomar boas decisões. Você tem um bom coração. Uma boa cabeça. Use seu coração junto com sua cabeça pra se curar e ficar mais feliz.

– Vou voltar para o curso e me esforçar. Vou pedir pra Marjorie ficar comigo. Vou abraçar meu pai, chegando em casa.

– Parece um grande começo – observou Lua Vermelha.

Depois de alguns instantes de silêncio, o curandeiro pediu ao rapaz que devolvesse a pedra ao local onde estava inicialmente. Desceram a montanha e, de um jeito que Marcelo não soube descrever exatamente, sentiu-se devolvido ao seu corpo, no salão do GEUB.

Marcelo então chorou muito e abraçou Marjorie.

Em poucos minutos, a reunião era encerrada com uma prece pronunciada por Eulália e pelas orientações para que os participantes aguardassem a chamada de seus nomes para apanhar as fichas com orientações.

Ainda sob o forte impacto do que tinha experimentado, Marcelo nada falou até o momento de ir pegar a sua ficha. Ao abri-la, as palavras eram simples: "Encontre seu coração e aprenda a segui-lo. Ofereça-o sem medo às pessoas que ama. Este é o começo do caminho para a cura. Alex, Lobo Saltador." Marcelo não sabia ainda qual era sua ligação com esse espírito, mas sabia que ela existia e era forte. Agradeceu em seu coração pela grande oportunidade, deu a mão a Marjorie e foram despedir-se de Cleide e Eulália.

Túlio nem tinha percebido, até então, a presença de Marcelo e Marjorie. Só os viu quando se aproximaram de Cleide, com quem ele também desejava trocar algumas palavras.

Marcelo e Marjorie viram Túlio, mas, envolvida ainda no clima do trabalho espiritual, a moça não sentiu raiva nem desejo de se afastar. Era como se ela fosse capaz de compreender o que antes não compreendia. Estendeu a mão a Túlio, que abraçou Marcelo e perguntou-lhe se estava melhor. Marcelo afirmou com toda certeza que sim, e puxou Marjorie para perto de si, abraçando-a. Marjorie sentiu uma alegria indescritível naquele momento.

Túlio então foi chamado para pegar a sua ficha. Nela estava escrita a seguinte orientação:

"A vida tem um sentido maior, e é diante desse sentido maior que os problemas devem ser avaliados. 'Não julgueis' – ensinou o Mestre. Essa lição não era uma lei, mas era um conselho para a paz interior. Aquela que você procura, procura, e até hoje não encontrou." A mensagem vinha assinada por Pena Pequena.

Túlio então procurou divisar Bruna, que continuava sentada na última fileira, atenta ao chamado do seu nome. Túlio caminhou até lá e foi só aí que ela o viu.

– Túlio, eu... eu estava preocupada. Não conseguia falar com você.

– Eu não queria papo com ninguém. O Rogério foi um calhorda, eu tava muito bronqueado, chateado, decepcionado...

– O Rogério pode ter salvo a minha vida.

– O quê?!

Bruna então contou o que tinha acontecido na tarde de sábado.

– Eu sei que eu estava errada. E, se teve um momento em que me conscientizei disso, foi ao ter aquela discussão com ele. Assim, ele não só salvou a minha vida, mas revelou meus enganos e minha necessidade de ajuda. Por isso, vim aqui hoje...

Túlio acreditou em Bruna, depois de muito tempo em que sempre a ouvia com grande desconfiança.

– Que bom que você veio. Eu realmente espero que você encontre a ajuda de que precisa, e que arranje um trabalho.

– Eu quero voltar pra faculdade, assim que der.

Naquele momento, o nome de Bruna foi chamado. Túlio segurou-lhe a mão e disse ainda:

– Se quiser carona pra casa, é só dizer.

Bruna agradeceu.

– Vou querer, sim. Obrigada.

Ao pegar sua ficha, a orientação era simples: "Sábado, foi por pouco, hein? Cuide mais de si. Asserene-se. Se puder, frequente o grupo do enxovalzinho. Procure conhecer as mulheres gestantes assistidas, descubra formas de ajudá-las. Procure Eulália e peça para ter seu nome incluído nos trabalhos do grupo de desobsessão. Confie em Deus. Ah! E traga sua tia, ela precisa ver pessoas." A mensagem não era assinada.

Bruna espantou-se com a precisão da mensagem, em vista das situações que vinha enfrentando. Procurou saber quem era Eulália e foi imediatamente falar com ela. Perguntou sobre o trabalho dirigido às gestantes e sobre o grupo de desobsessão.

Eulália abraçou-a calorosamente, deu-lhe as orientações e insistiu para que ela realmente viesse, pois sabia que a atividade em favor do próximo era o melhor meio de tratamento da obsessão.

A mudança nos pensamentos e a aquisição de novos (e bons) hábitos certamente impediria a ação dos obsessores que a importunavam. A manutenção desses pensamentos e hábitos, a transformação íntima, dependiam dela própria.

Dena vinha pelo corredor dos fundos, da sala onde as crianças permaneciam durante os trabalhos. Ela e um grupo de adolescentes contavam histórias e desenvolviam atividades, enquanto os pais e mães estavam em tratamento no salão.

Ao ver Marjorie, teve um primeiro impulso de se afastar, mas achou melhor abraçá-la.

– Dena! Que bacana ver você aqui! Desde a sua festa de aniversário que não a vejo...

– A vida é muito corrida, pra quem estuda, como eu, e pra quem ensina, como você.

– Eu soube que você está com o Rogério.

Dena sentiu seu coração dar um salto.

– Espero que vocês se acertem.

Dena respirou, com alívio. Nenhuma das duas sabia ainda da situação envolvendo Rogério, Bruna e Túlio. Rogério sabia que teria de contar a Dena antes que ela descobrisse por outros meios, mas ainda não tinha encontrado a melhor forma de fazer isso, de modo que passaram o domingo todo na serra da Cantareira sem que ele conseguisse expor a questão.

Rogério ligou a TV por ligar, pois não sabia nem dizer qual programa estava passando. A segunda-feira tinha sido um dia tenebroso para ele. Estava cansado de segredos. Dena viajaria em poucos dias e eles tinham de ter uma conversa decisiva.

Quando ela telefonou, ao chegar do GEUB e antes de dormir, contou uma novidade surpreendente: Túlio, Bruna, Marjorie e Marcelo tinham participado da reunião de assistência espiritual.

Antes de ouvir tudo, Rogério deduziu que Dena, àquela hora, já saberia da história toda.

– Amor, eu... nem sei o que dizer. Não sei como explicar o que fiz.

– Do que você está falando?

Rogério titubeou. Em seguida, recuou:

– A gente precisa conversar.

– Sobre o quê?

– Sobre um fato. Sobre um problema muito sério. Eu vou até aí.

– Agora?

– É muito importante. Eu preciso muito falar com você.

– Então... vem – Dena estranhou o modo de Rogério falar.

Quando Rogério chegou, Cleide já havia se recolhido e ele pediu a Dena que conversassem no carro.

– Eu... eu não espero que você entenda... talvez nem que me perdoe.

– Do que você tá falando, afinal? – inquiriu Dena, impaciente.

– Tem um lado meu... que você não conhece. Que ninguém devia conhecer. Mas, sábado, ele foi trazido à tona. E acho que minha amizade com o Túlio não vai ter volta.

– Conte tudo do começo. Não estou entendendo...

– Eu... tenho uma mania. Uma espécie de compulsão. Eu nunca tinha visto isso como um problema, mas, quando percebi a consequência do que fiz, vi que era sério. Eu... desde que passei a ter *internet*, a conversar em salas de bate-papo, depois pelo ICQ até ter o MSN... Eu... eu percebi que podia ser outra pessoa.

– Como assim? Você criou um perfil falso?

– Mais ou menos. Era uma pessoa que eu fantasiava ser.

– Que pessoa?

– O Super7. Um cara jovem, descolado, bem sucedido. Mas também era um cara fissurado em sexo virtual.

Dena ficou chocada diante daquela revelação, mas, como tinha praticado no estágio em psicologia clínica não externar emoções diante dos pacientes, tratou de aplicar o que sabia.

– Eu fui encontrando pessoas e formando uma lista de nomes de mulheres que faziam o mesmo. Pensando melhor, talvez nem todos fossem de mulheres... Hoje, eu fico pensando que era um jeito de ter prazer sem envolvimento. Acho que eu tenho medo de me envolver e uso a *internet* como se fosse uma válvula, sei lá!! Não paro de pensar nisso desde ontem.

– Você pode procurar ajuda – lembrou Dena. – Se está vendo isso como um problema, devia ver um psicólogo. Mas ainda não entendi onde o Túlio entra.

Rogério respirou fundo, acomodou-se melhor no banco.

– Bom, eu conheço o Túlio desde criança. A gente cresceu junto, estudou nas mesmas escolas até ir pra faculdade. Quando ele trouxe a Bruna pro nosso grupo, eu já estava namorando a Marjorie há um tempo. E já tinha as minhas 'amigas' de MSN. O Túlio então começou a enfrentar problemas com o consumismo e as atitudes da Bruna, e ele contou que ela tinha a mesma mania que eu.

Dena começou a adivinhar o que ouviria em seguida.

– Aquilo me deixou maluco! A Bruna era uma mulher linda, interessante. Queria levar ela pra cama, mas não podia nem pensar em prejudicar meu melhor amigo. E não queria arriscar meu namoro com a Marj. Só que eu não conseguia parar de pensar nela. Até que tive uma ideia que achei sensacional: se eu usasse a *internet*, se eu fosse só mais um pra ela e ela fosse só mais uma pra mim, o Túlio nem ia saber. E podia ser só uma vez... só pra sentir o gostinho... Acontece que, depois que eu comecei, não consegui mais parar. Com o tempo e o hábito, eu perdi a sensação de que aquilo fosse uma coisa errada. Parecia que eu podia me satisfazer e que ninguém era prejudicado, afinal.

– E... o Túlio acabou sabendo? Como?

– Ele foi até minha casa, sábado. O encanador estava trabalhando lá e eu tive que sair pra comprar umas peças. Acontece que esqueci o MSN aberto e ele descobriu tudo.

Dena sentiu falta de ar.

– Olha... Eu não quero ouvir mais nada. Não posso ouvir mais nada.

– Amor, eu... Eu nem sei como ele ficou, depois. A gente não conversou. Ele sumiu... Estou preocupado...

– Eu não quero ouvir mais nada! Preciso pensar. Eu vou entrar.

– Eu ligo pra você amanhã.

– Não! Quando eu estiver em condições, eu ligo pra você.

– Mas você viaja em nove dias...

– Não liga pra mim, que eu ligo pra você. Só não posso garantir quando...

Dena saiu do carro batendo a porta. Entrou, trancou a casa, apagou as luzes e foi direto para o seu quarto. Deitou-se, mas não pôde dormir.

Na quinta-feira seguinte, na reunião do GEUB, Cleide identificou a presença do espírito que obsediava Bruna. Ele agora se apresentava de forma diferente:

– O que vocês querem?

– Ajudar você, com sua paz – respondeu Cleide.

– Ah! Depois que me atrapalharam, agora vêm com essa conversa?

– Atrapalhamos, como?

– A loura. Vocês conseguiram tirar a loura de mim.

– Nós?

– Sim. Ela se escondeu, nem eu nem os outros conseguimos mais achar ela.

– Mas não fomos nós que fizemos isso. Foi ela.

– É nada! Quando vocês começaram a se meter, foi que a coisa toda deu pra trás.

– Você acha que temos esse poder? Não poderíamos fazer nada, se ela não desse o primeiro passo. A gente só está aqui para ajudar pessoas como ela. Como você.

– Me ajudar???

– Sim. Você não quer mudar de vida também, como ela fez?

– A gente ainda não sabe se ela mudou... E se voltar ao que era antes?

– Pode até acontecer. Vai depender do empenho dela e, no que ela precisar, nós estaremos aqui pra ajudar. Como queremos ajudar você.

– Mas vocês são muito metidos a ajudar!

– E não é bom? Você, por exemplo, pode ser ajudado aqui.

– Como?

– A gente pode ter um lugar pra você ficar, pra se tratar e resolver o que quer fazer da sua vida. Seria como uma folga. Lá tem pessoas pra conversar com você, tem alimento. Aí, você pode mudar o rumo da sua vida também, como a 'loira' fez. Todo mundo pode mudar...

– Ah! Tá certo, vai. Eu vou.

– Que bom! Você está deixando muitas pessoas felizes – disse Cleide, percebendo outras presenças no local. – A Leonor está contentíssima.

– Leonor? A vó Leonor?

– Isso! Ela não via a hora de você fazer algo por si mesmo. Ela estava com saudades do neto.

– Puxa! Então eu vou, se é pra rever minha avó.

– Talvez não consiga vê-la já, mas vai conseguir muito em breve!

Cleide concluiu o atendimento àquele espírito e muitos outros foram acolhidos e orientados, naquela noite.

Bruna estava levando suas resoluções muito a sério. No sábado à tarde, ela e a tia foram até o Geub e lá passaram algumas horas conhecendo situações de vida e experiências enriquecedoras, iniciaram algumas amizades, e tia Maria, segundo a sobrinha notou, parecia animada, falante. Ela ficava feliz em proporcionar à tia participar de trabalhos sociais, que tanto bem tinham feito a ela durante muito tempo.

Para consolidar o fato de que aqueles eram novos tempos, na segunda-feira, recebeu um telefonema de Cerqueira. O ex-patrão ligava dizendo que tinha indicado Bruna para ocupar uma vaga na imobiliária de sua irmã e pedia-lhe que entrasse em contato com ela.

Depois daquele sábado, em que Bruna disse que queria ir para a Rússia, não houve mais nenhum contato de Grichka.

No aeroporto de Cumbica, o despacho de bagagens, as despedidas de Cleide, Annie e de Amélio, o pai dela, representavam os últimos minutos de Deninha em chão brasileiro, antes de embarcar para Paris. Depois que a mãe e a amiga se foram, o pai ainda deu-lhe um último e grande abraço. Ela então seguiu para o portão de embarque, indecisa sobre telefonar ou não para Rogério. Ele tinha ligado algumas vezes, mas ela não atendeu.

Achou melhor ir pra longe, primeiro. Depois ela escreveria ou ligaria. Suas emoções estavam muito confusas, por hora. Achara sua atitude baixa e indigna. Ainda mais, considerando a duradoura amizade com Túlio.

Mas Rogério, afinal, não era um crápula completo. Depois do 'bota-fora' organizado por Cleide, no domingo, onde haviam comparecido Marjorie, Marcelo, Annie, Túlio, Eulália, alguns companheiros mais chegados do GEUB e alguns colegas da faculdade, ela agora já sabia que ele tinha impedido Bruna de ser atropelada e lhe prestado socorro. Ela também sabia que, mesmo com raiva de Marcelo, ele o tinha socorrido durante o mal-estar súbito, ajudando Léia e Túlio a levarem-no para o apartamento. Rogério era uma pessoa com qualidades, afinal. Mas com uma compulsão com que era tão difícil lidar, segundo a forma de pensar e os valores de Deninha.

Tudo o que ela sabia, naquele momento, é que tinha que pegar um avião e enfrentar uma nova etapa da sua vida. Enquanto tentava colocar sua cabeça no lugar.

A atitude de Rogério ajudando Bruna também tinha tocado o coração de Túlio. Ainda sem querer falar com Rogério, o advogado procurou informações na empresa onde trabalhava e soube que amigo andava bastante deprimido.

Ele se sentia parcialmente responsável pelo que acontecera entre o amigo e Marjorie. Assumia que tinha agido daquela maneira, procurando o amigo e mostrando a foto do beijo, motivado pelas ações de Bruna em relação a ele. Mas, agora que ele estava vendo Bruna com outros olhos, mesmo sem ainda ter tentado uma reaproximação, agora que eles talvez voltassem às boas, ele se recriminava por ter denunciado o que considerara uma ação grave de Marjorie, mas que agora sentia-se mais em posição de compreender.

– Eu nem sei como dizer, mas foi muito importante para mim participar do tratamento de Marcelo. – disse Alex. – Só que eu pensei que você iria curá-lo da doença física.

– Eu não decido isso. Existem razões acima das nossas razões, tanto para a cura, como para a enfermidade. Não tenha dúvida, porém, de que a cura espiritual está acontecendo, neste exato momento, pela oportunidade que Marcelo teve de olhar para si mesmo e de modificar atitudes.

– Como ele pôde ter aqueles *insights*? E de uma forma tão precisa?

– É efeito do estado de 'emancipação da alma', como denomina Allan Kardec. Nesse estado de liberdade parcial, a visão se amplia e o ser encarnado consegue perceber coisas que lhe são inacessíveis no estado de vigília. O que fizemos graças à atitude receptiva de Marcelo, somado ao ambiente e auxiliado pelo ritmo do tambor e da canção.

– Algum dia, poderia me ensinar?

– Algum dia...

– A Marjorie tem sido muito presente e carinhosa com Marcelo.

– Isso o está ajudando muito.

Hesitante, Alex tocou num assunto que pensava ser mais delicado:

– E você também modificou uma atitude.

Lua Vermelha suspirou.

– É verdade. Eu estava errado em me apegar a um momento passado. Deixei a dor me dominar e tomar conta da minha razão. Mas Pena Pequena, amada e valorosa, fez-me ver isso.

– Mas ainda não terminou, não é mesmo?

– As histórias nunca terminam, tudo apenas se transforma.

– Estou aqui pensando na Bruna, no Túlio, no Marcelo, na Dena, na Marjorie, no Rogério. Até na Assunta, na Maria. Na Rose, mãe da Bruna, em algum lugar desse mundão. A história deles continua. Com exceção da Rose, tudo que sabemos é como as coisas estão agora. Mas amanhã pode tudo ser diferente.

– Não vamos falar de fim – determinou Lua Vermelha. – Vamos dizer que é assim que as coisas vão ficar, por enquanto.

A VIDA SEMPRE FOI

MATERIAL E ESPIRITUAL

Calunga

Os espíritos do bem sempre tentaram ajudar a humanidade, porque a vida sempre foi espiritual e material, sempre foi...

Em outros tempos e lugares, não se via separação. Você tava aí e aqui, cada hora num lugar, e as fronteiras eram muito leves.

A gente queria ajudar, e tinha também os que queriam atrapalhar, o que no fundo também é ajudar de um jeito desagradável.

Mas, desde o começo, os espíritos viram as criaturas encarnadas lidando com as adversidades do mundo, precisando de orientação, precisando de cura. E, assim, eles resolveram colaborar, simplesmente pela bondade que já tinham no seu coração e pelo conhecimento das encarnações que tinham vivido. Em geral, eram os antepassados de cada povo, de cada tribo, reconhecendo ali seus descendentes, sua família, seus amigos carecendo de instrução e tratamento pra saúde.

E o Criador permitia, quando o impulso desses seres era o amor verdadeiro.

Vivemos assim por muito tempo. Os espíritos ensinaram aqueles que tinham capacidade natural de os perceber a usarem o que aprendiam com eles para o bem do povo. Na África, na América, na Oceania, na Ásia e na Europa, de acordo com o que crescia em cada região, ensinaram a usar as ervas, que eram os recursos que eles tinham, para cuidar das doenças de toda sorte. Ensinaram as plantas que facilitavam o contato com o astral,[20] e o seu preparo, tudo na intenção da melhoria de cada ser. Nesse tempo e lugar, os mundos material e espiritual viviam em harmonia e interação, num estado perfeitamente natural.

---

[20] Sobre esse assunto, o livro *The sacred mushroom*, de Andrija Puharich (Doubleday, 1974), entre outros.

Mas a civilização evoluiu, mecanizou-se, distanciou-se da natureza (que é também a própria natureza de cada um de nós). E os homens fecharam a porta entre nós, fecharam do lado daí. Chamaram o povo que acreditava em nós de "primitivo", a fé na espiritualidade de "crendice ignorante".

Construíram um mundo egoísta pra viver só eles, onde não tinha espaço pra nós. Porque os homens de repente viraram uns seres muito espaçosos (risos). Foram assumindo a posse de tudo e confiando na posse, em lugar de confiar na vida. Uns assumiram que só eles tinham a chave do Reino de Deus, e que você precisava deles pra alcançar o bem e a felicidade, o contato com as forças espirituais, os santos e anjos.

Os primeiros, aqueles que acreditavam em nós desde o princípio, eram diferentes, não tinham sede de possuir, sentiam-se possuídos pelo bem espalhado na natureza e tocavam suas existências. E os amigos espirituais eram apenas parte disso tudo. Foi pra eles que ensinamos o contato conosco, para seu desenvolvimento e aprendizado.

Quando você chama a crença nos espíritos de "crendice", está apenas reproduzindo um preconceito de "*seculo seculorum*" (risos), nascido do egoísmo. Quando você chama a esperança de contato com eles de ingenuidade, você está apenas assumindo a arrogância daqueles que um dia fecharam a porta e sonharam esconder a chave.

O que eles não sabem é que o mundo espiritual tem infinitas portas. E que todos são convidados, como no banquete da parábola. Uns aceitam, outros não.

O mundo espiritual preexiste e sobrevive a tudo isso, enquanto os preconceitos um dia acabam. Agora, você pensa: quer se fechar num preconceito medieval ou positivista, ou quer se atualizar um pouco, entendendo a realidade atemporal que circunda todos nós desde antes desse mundo ser mundo? Como em tantas outras coisas, a escolha é sua.

(Trecho do livro *Calunga definitivo*, Ed. Gil)

Esta edição foi impressa em outubro de 2011 pela Sumago Gráfica Editorial Ltda., de São Paulo, SP, para a Editora Lachâtre, sendo tiradas duas mil cópias, todas em formato fechado 140x210mm e com mancha de 105x175mm. Os papéis utilizados foram o Off-set 75g/m² para o miolo e o Cartão Supremo 250g/m² para a capa. O texto principal foi composto em Times 11/13,2, os títulos foram compostos em Times 16/19,2, as citações e as notas de rodapé, em Times 9/10,8, os textos atribuídos a diálogos na internet em Comic Sans MS 9/10,8. As separações internas dos capítulos são cópias de desenhos originais de índios norte-americanos. A programação visual da capa foi elaborada por Andrei Polessi.